海外拾珍記

王世襄題

增订本

海外拾珍记

常 罡 著

聂小春、游辉立、
白远樯、王性初 摄影

生活·讀書·新知 三联书店

目 录

自　序

牙　雕

吕祖醉归 …… 2
天伦乐 …… 10
望子乘龙 …… 13
苑池春梦图册 …… 15
诃梨帝母 …… 19

玉　玩

玉香囊 …… 22
玉冠顶 …… 24
虎首玉璜 …… 27
刘海儿戏蟾 …… 30
东方朔 …… 34
渔樵耕读玉山子 …… 37

竹 木

竹雕双福 …… 40
黄杨雕写真坐像 …… 41
竹雕刘海儿戏蟾 …… 44
竹雕银胆松形杯成对 …… 45
竹雕吕洞宾与城南柳 …… 47
伽楠香木雕盅 …… 48
沉香雕松鼠葡萄图奈何杯 …… 51
沉香雕松湾渔荫图仿犀杯 …… 53
沉香雕溪山清晓图仿犀杯 …… 55
邓云樵制葡萄螳螂图酒盅 …… 56
沉香雕回峰秋望图仿犀杯 …… 58
沉香雕岁岁双安暖手 …… 59

文 房

蟾滴 …… 62
黄杨蔬笋图臂搁 …… 63
周笠制松风山月图竹臂搁 …… 65
黄花梨秋荷笔觇 …… 70
乾隆冬青釉芝形笔觇 …… 72
玉蟹书镇 …… 73
紫檀竹林七贤笔筒 …… 75

玉葫芦水丞 …… 78
沉香松筠水注 …… 79
黄花梨天然笔筒 …… 80
竹雕太师少师笔架 …… 82
王梅邻桃花源记竹笔筒 …… 83
玉制芝鹿图诗筒 …… 85
玉制月影梅诗筒 …… 86
春日雅集图象牙诗筒 …… 88
黄杨会昌九老图大画筒 …… 93
烂柯图牙雕笔筒 …… 97
黄花梨文具匣 …… 99
紫檀嵌银丝镶玉墨床 …… 101
乾隆高丽彩发笺 …… 105
秋潭映月砚 …… 107
端石雏凤声清砚 …… 109
乾隆御铭宫制风字砚 …… 111

漆　器

明永乐报恩寺琉璃塔朱漆罩金王母像 …… 114
明宣德黑漆描金龙纹大捧盒 …… 117
明剔黑花鸟纹印章盒 …… 119
"姜千里造"款山阴逐猎图圆漆盒 …… 120

家　具

都承盘 …… 124
花梨坐墩 …… 126
紫檀直棂式坐墩 …… 127
黄花梨提盒 …… 128
黄花梨点苍山石插屏 …… 129
黄花梨云螭纹圈椅 …… 136
黄花梨炕桌 …… 138
乾隆宫制紫檀炕几 …… 140

诸　艺

鼻烟壶 …… 146
清宫紫檀御题诗残件 …… 150
嵌石彩绘巫山云雨图案屏 …… 152
黄花梨百宝嵌"夔龙献寿"对盘 …… 156
"古燕赵子玉造"蟋蟀罐 …… 158

书　谱

明万历《鲁班经匠家镜》…… 162
《万印落红拾遗》…… 167
明天启《新镌绣像韩湘子全传》…… 172

《校注项氏历代名瓷图谱》…… 174

清康熙《芥子园画传》…… 178

考　辨

千里姓氏考 …… 182

"姜千里造"款漆器补证 …… 196

姜千里与江千里——千里姓氏再思考 …… 199

重审"古月轩之谜" …… 202

此石不坏，先生长在——唐英石雕像真误析 …… 231

杂　稿

红楼器物小言 …… 250

靠背椅 …… 261

公道杯辨 …… 263

鹿中 …… 265

板 …… 267

康熙官窑青花大盘 …… 269

和合神 …… 271

后　记

自 序

曩年读书中央音乐学院，毗邻长椿街，有一自发形成之古董旧货集市。课余偶至闲逛，见官窑民窑瓷器及木石铜玉杂项铺排成阵，真赝混杂，购者并不多，索价亦不昂。值内乱初停，国内古董文物市场尚处懵然混沌中，国人既少文物意识，更无文物投资观念。举国各行业大造假之时代高潮尚未到来，摊头虽仿品亦多属民国所为。熟谙文物如启、王、朱、耿诸前辈，只凭心明眼亮、腿脚殷勤，往往微值即可淘归佳物。其后负笈求学于大洋彼岸，曾于《人民日报》（海外版）读到某外国人于长椿街摊以五元钱购得元代青花鱼藻纹盘，为之扼腕痛惜。

越数载，文物观念渐行普及。一件文物铲除数代人穷根之传闻不胫而走。买卖古董可一夜暴富，几成家喻户晓之理念。旧家故院自不待言，翻箱倒柜，检捞家底；即百姓草民，一旦发见朽蛀，虽片纸丝缕、菜坛酱罐，亦四处求人鉴定，以防有眼不识金镶玉。遇买家上门，更是心警神惕，处处提防，惟恐卖漏卖错。更有许以"毛诗"之数，继索"文苑英华"，允诺"文苑英华"，益贪"万首唐绝"者。欲无餍足，愈买愈不卖。洎数家大型文物拍卖公司陆续开张，藏家贾贩于冷摊小市、个户私宅中浑水摸鱼之黄金时代，一去不复返矣。

自前清迫启国门，百余年间，先有洋人或抢或骗或买，吾国文物，捆载西去。后又自毁家珍近三十年，供私家购藏之民间文物已所剩无多。值此国内文物价格炽焰腾天、收藏热日渐兴盛之际，诱得散居海外之精彩重器纷纷回流。"国外好东西比国内多"，一时成为共识。

各路秣马厉兵，欲出征海外。先是保利集团巨资爆破，随后江浙富豪冲锋陷阵，无数个体买家则若游兵散勇，四下穿插流窜于纽约、伦敦、巴黎、中国香港等各大拍卖场，各自为战，趁乱夺掠于硝烟弥漫中。时余已移居旧金山东湾，于国内收藏有年，自省虽未有成，争奈耽湎好古，沉疴难摒，故亦混迹其间。朋侪尝戏谓余：虽曰"重在参与"，实为"瞎那儿掺和"。思之惭愧。

势大财雄者，辄取万人瞩目之重器下手。文物至此天价，已赝鼎极少，考证学识退居次位，较量搏杀，惟在资财。囊金有限如我辈，则须量力慎行。若邂逅情钟，当默虑黄庭，考证其真伪源流，裁度其文物价值，筛选定夺，之后相机动作。故前者明来直去、高打强攻，后者逶迤迂回、机谋智取。文物之名分、品位，当各有仁山智水之鉴。然处心积虑，终能携归所爱，纵情把赏之欢，心花怒放之畅，自是别无二致。

如此杂收并蓄，藏品渐夥。环顾斋中，回首历历，其间或峰绕津迷，或柳暗花明，或揪心抻胆，或骤热忽寒，或虚惊后怕，或初沮终喜，有成时亦有败时，然个中绝不乏盎趣可道之事。又生性蠹纸之好，每得一物之前之后，必加考鉴，冀探其所以然。苦思冥想、上下求索、走投无路之际，常恍悟幡然，有一得之快。忽一日，慧业孽根复萌，拟述之笔墨，以公诸世间同癖者。之后两三年，泓颖雕虫，拉沓补绽，得成此书。

之中若干章节，曾以《海外搜宝摭记》之名传布坊间。盖所述诸例，皆选自近年得之于海外者。竟何以称宝？非敢忝讠刃妄夸。烂嚼"国宝"一词，当有狭义广义之分。狭义者，鼎彝瓷珍、名家巨迹、秘殿琼珠。余则取其广义：凡我中华祖先历劫遗存，但妙诣经营，纵然小品常玩，亦当善待而宝之，不可怀势利心。夫古物收藏之道，天缘人力，缺一不足以克竟。天缘岂能妄念强求！所能为者，尽人力耳。人力尽，天缘或在其中。何谓人力？砥砺学问、自求多金乃日常功课，余者不过出动一"搜"耳。掇笔丹黄，裒散成帙，摭记之谓也。因名是名。丙戌年秋归国返京，即往王世襄先生处拜望请候。暌隔六载，先生九二高龄矣，思力敏健，不输壮年。询知拙作书名，先生诲余曰：理叙虽通，仍当自谦。书之名，宜简爽空灵，忌直露白实。"搜宝"夸张，莫若"拾珍"；"记"便足矣，何赘"摭"为？遂赐题《海外拾珍记》。是晚聚宴，出以示众，一坐抚掌称妙。

又草稿之初，友人索断章先睹。阅后归还，当面郑重奉劝：何苦古语文言之乎者也，"你就是不会好好说人话！"。报颜之余，思我辈生长红旗下，沐浴党之阳光雨露中，今处科技金融新尚时代，去古邈远，兼之不学，辞赋诗文，空谷聆响，经史子集，仅触皮毛，究竟并不知古语文言为何物，真欲效颦而不配效颦！竟喻之古语文言，溢美谬奖也。忆及数年前小说《静窗手稿》问世，新锐评家撰文，先五指抚臀曰"流畅"，再一掌掴颊曰"陈腐"。壮哉此评！流畅难副，陈腐确凿。视今稿行文，再次陈腐而已。然执陈腐之言言陈旧古物，约略般配，时得词从意顺之乐。更取其句短，句短则字少，字少则书页菲薄，一省读者性命，二省读者购书之资，除此撰旨无他。默祈倘能娱同好、飨读家，侑茗觞清谈，兼邀通博人驳辩郢削，则衷心无憾矣。

新千禧丙戌年常罡识于东湾碧澄园

旧版《海外拾珍记》于新千禧戊子年刊行，装帧寒简，印数不多，仅一年，便售罄停印。迄今又七寒暑，新入藏品复渐可观，每思再印新版。幸蒙生活·读书·新知三联书店钩沉掘故，以为尚有可读之处，愿为出版增订之本，遂校讹正误，删削凡品，增补佳器，如明姜千里之"山阴逐猎图螺钿嵌漆盒"与清康乾间周笠（周芷岩侄）之"松风山月图竹臂搁"，信是两位艺史大家遗世仅存之真迹，意义重大；清乾嘉邓云樵制筒形竹酒盅，镌刻自明心迹之铭文于其上，乃其自用饮器，允称罕见；沉香仿犀杯数只，亦属同类中上品；再近年来重要考据诸稿，亦一一录入。仍沿用原书之名，在不忘畅安王世襄先生当年赐题勉掖之意。故书虽同名，不啻老瓶新酿，望读家明审。

新千禧乙未年仲夏常罡谨识于明月寻我轩

牙　雕

吕祖醉归
天伦乐
望子乘龙
苑池春梦图册
诃梨帝母

吕祖醉归

通高 31 厘米

　　旧金山博翰。伯德富拍卖行，于每年春秋两季亚洲艺术精品大型拍卖之前，依例有小型拍卖各一场，其名"亚洲装饰艺术品拍卖"，汰剩次货之"撮堆儿卖"其实也。虽如此，拍卖图录每寄至，仍不免细加察阅，冀捕漏网之鱼。

　　甲申年秋季一场，特设中国象牙雕刻部分。图录内一牙雕吕洞宾，脚踏灵石异卉，醉态飘摇，力鬼执灯扶持在侧，立于直眉愣目之清装帝后座像及媚柔浅俗之新雕仕女中，茕茕然格高神秀，道仙之风，冲爽袭来。（图1）读英文说明，并不标示年代，只言"可能为吕洞宾"云云，且估价极低，当即心许：若无大疵，必夺归之！

　　自此牵肠挂肚、食寝不宁者数十日。挨至预展，门启即入。急切切上手一过，心为之狂跳。此器不能早于雍正，亦不能晚于乾隆。其脸廓眉弓之简洁，凤目垂帘之弯挑，耳轮丰坠之圆润，及鬼腮梵髭之旋卷，可从康乾间寿山石、黄杨及龙眼木雕中讨消息。采料润腻，通体除天然小裂，几无瑕疵之可寻。稍后，观者陆续入，无人注目此器，方觉稍安。

　　拍卖当天，乘隙再至展厅做战前最后一观。见美古玩商鲍利，正双手持之上下端详。觉余趋近，骤掩入怀，扭身以肩背遮护之，笑谓："好东西，我要了！"余心惊失色，强作淡淡，亦无奈其何。俗语云：同行是冤家。此其谓也。所幸鲍利并未举牌参拍。盖西方人治中国古物，佳劣精粗虽能分辨，若不明某一门类历久形成之行道讲究，仍不敢轻举妄动也。

至其时，参战者或亲自在场或通过电话，计四五家之多，真乃天不许余独专明眼人之目。吾道之不孤，偏应在此等勾当处，令余叫苦不迭。相与争锋至最后者，乃一港台同行。价至起拍价之十数倍，场上本已寂寂然旗偃鼓息。可恼红鬓卷毛拍卖师，全不顾人臀下火炙之苦，犹沾沾自赏、意兴正浓，木槌迟迟不肯着案，且朝敌手一方平摊掌心，如向淑女名媛彬彬邀舞状，口中一再重复余之竞价，音色柔而轻，似泣诉，似挑诱，终使战火重燃。价格攀翻再三，方勉强落槌。予此时只求摘攫之快，贵贱已置之度外也。待付款取物驾车返归，喜不自胜，乃至微有头晕眼花之感。

吕氏，妇孺皆知之人物。史上确有其人，传为晚唐咸通年间进士，游长安，遇钟离权授以丹诀，后修炼得道。元时敕封"纯阳演政警化孚佑帝君"，为全真道教北五祖之一。山西芮城县永乐宫纯阳殿内，有元绘《纯阳帝君神游显化之图》五十二幅述其行状。民间亦颇传其故事，倜傥风流，嗜饮，所到之处必饮，饮必醉，醉后每留异迹而去。

传世之吕仙，多背负宝剑，冠纯阳巾，执麈尾，或翩然独立，或群于众仙之中，踏涛渡海，恭揖上寿。此牙雕则择题醉归，颇新颖：剑笈在背，面虚白，瞳光亡斜散淡，酒湿须髯，袅结成绺；方巾失落，仅剩幞头，肩坍手垂，襟敞带褪，腿足踉跄互绊，大有玉山颓扶之态。（图2）旁侍之鬼怪力士，顶上肉角凸起，狮鼻豺口，须眉络腮，卷曲回环；一手执灯，一臂鼎扛，下腭吃力昂起，眼筋突努如卵，仰视主家，力有不胜而敬畏乞怜，令人莞尔；踝腱臂肌劲然绷鼓，甲趾粗壮，紧抠入地，挪步艰难，想必自掮夫走卒辈写生得来。（图3）主仆脚下所踏，乃仙家福地，洞天玲珑，隐曲通幽，间有瑶草、琪花、灵芝丛簇点缀、摇曳生姿。此一弛一张、一倚一持，戏剧对比，张力顿出，立显意趣匠心。

尤可叹赏者，衣纹垂风，肌脉融活，髭发生动，却不见丝毫着刀痕迹。通体流

图1 牙雕吕仙醉归

畅，远观之，几疑为德化之瓷，又宛若奶脂披沥被身而下，虽缝褶深掖处亦莫不如此，信是北派立雕佳制。清代牙雕，分南北两派，亦称京派广派。北派坐镇宫中造办处牙雕坊，假天威以领流俗，"三分刻，七分磨"，不见锋碴，古来藏锋圆刀之法，至此臻登至境矣。

闲暇时捧出摩挲把玩，竟常看常新，时得新悟会心之妙。一日，仰置案上，始见鬼怪颔下卷髭中，有喉头于皱松皮下隐起如核。又见其囟门皱纹间，有一枯疤焦瘢之蚀洞。初谓巧用牙料蛀疵，添其莽野凶怪之相。细审之，牙料心材当无此瑕缺，且洞中点染石青，乃刻意凿琢而成。雕作护手剑格之双面鬼首，面相狰狞，大小仅如念珠。定睛细看，牙齿竟粒粒可数，不仅门齿，两侧更有獠牙各一，且双面皆然。洞石上有一条状物，似溪流泻入洞孔，不意竟是醉落之袍带，一端沿石壁逶迤而下，另一端则垂入洞孔，不见所终。踪其迹，竟盘转石洞间，穿枝过茎，绕过数本灵芝，从另洞他孔蜿蜒而出，非成竹在胸者不能办此。昔年曾与北京名匠师祖连朋老师傅谈及明代木器雕刻之精绝，祖师傅笑谓余曰："老年间做东西就

图 2

图 3

有那么个劲儿，许你眼没看到，不许我手没做到。"此言诚不虚也。

惟疑云荡漾不去。侍钟馗脱靴抬轿之鬼，寺门金刚足践脚踏之鬼，系泛泛之鬼，非有特指。遍忆所见吕仙图像，似并未有与泛泛之鬼相伍者。此随从侍奉之鬼，莫非另有名堂？逢人问，辄以吕仙醉，遣道符神咒，招鬼扶归为对。口言此，而意有未安，盖不得甚解、望相生义耳。旋疑乃体貌近似之魁星，亦嫌牵强。但恨不能面询雕师于三百年前，讨教底细。苦于身居国外，案边资料有限，姑搁置之，遂成一桩公案。

次年暮春，游半月湾。步入小城一家老旧书店，自尘架上捡得三巨册英文《中国艺术》，国际亚洲古物协会编，一九六三年伦敦出版。书中图片丰富，多为国外大博物馆及著名藏家之珍品，国内颇不易见。遂购归之，以备索引。

归来阅读其绘画碑拓版画卷，见有版画一帧，版刻风格不能晚于明末，当为演义插图，似关涉吕、何风月事：吕仙负剑踞坐，与一娆美妇人席地对饮，醉眼迷离含情，倚身酒瓮行将告罄；妇人脉脉羞涩，披荷叶霞帔，身旁一茎荷花，知为何仙姑，一妩媚婢女挽其右臂。吕仙身后立一鬼怪，形象竟与那牙雕之鬼一模一样，双爪伸插吕仙腋下，似欲扶之起，惟其头顶窜出桠杈一截，当为树鬼木精一类。（图4）速查图片说明，盼能揭开牙雕之谜。然并无故事简要，但云某书籍插图，该书现藏荷兰阿姆斯特丹日格斯博物馆。

网上查得该馆网址。登陆四望，一片荷兰文字，如堕雾云中。而馆藏之品，浩渺烟海，岂能一书一页皆载图网上。即便得入网门或致信该馆求助，想查得某页中国古版插图隶属何书，不啻大海寻针，恐终难如愿。复思八仙之中，钟离权后汉，铁拐李隋，曹国舅宋，余者吕韩蓝何皆唐时人。故彼等神迹故事，植粒于隋唐五代，萌滋于宋，集成于元，大盛于明至清初，与元杂剧及明清小说传奇，辙多类处。何不就此入手，或能有裨破解。

翌日往加州大学伯克利分校东亚图书馆，于明臧懋循编《元曲选》内查得马致远《吕洞宾三醉岳阳楼》一本及明初谷子敬《吕洞宾三度城南柳》一本,①另有明吕元泰作演义《八仙出处东游记》一种。诵读毕,大喜过望,疑云尽释。

据谷本,师父汉钟离曾告洞宾,岳州境内有数百余年古柳一株,可去度其成仙。洞宾过岳阳地界,见此柳恰在岳阳楼旁。醉饮啖桃之际,"凭栏看这柳树,果有仙风道骨。争奈他土木之物,如何做得神仙,必然成精之后,方可成人,成人之后,方可成道"。于是在柳旁种下成仙之桃一枚,命其:"与柳成花月之妖,结为夫妇,那其间再来度脱他也未迟哩。"

岁月荏苒,洞宾为度柳,再至岳阳楼醉饮。柳桃二精从山中潜出,欲上岳阳楼歇宿。见了师父,柳精便追问"弟子端的几时得托生?"洞宾命其在老杨家托生成人,经世历劫。柳精疑怪酒保老杨挑唆师父推迟脱度,竟欲与桃精趁黑夜迷杀之,却被老杨持吕剑砍中,被截作柳桩拴马、削成桃符钉门。

吕祖三至岳阳楼饮酒,已是二十年后。酒保老杨亡故,其子继操父业,因生来便是白发,人戏呼之"老柳",娶东邻女儿小桃为妻。老柳不识仙人,且舍不下红尘俗缘。发妻小桃却识得洞宾,执意随其出家。老柳妒火中烧,执剑追至,杀死小桃并图谋诬陷洞宾。对质公堂,查得老柳剑上沾血,遂判由洞宾手刃之。老柳命丧黄泉,吕祖呼唤:"弟子如今省了也。"众仙齐上,引领成仙柳精赴瑶池西王母蟠桃会。

马本与之大同小异。柳精托生郭家而非杨家,娶梅花精贺蜡梅而非桃仙小桃。明人好改元人本,旧本出新,寄托己意,马本当是谷本所宗。然牙雕鬼怪,乃自谷本一脉。何以为据?谷本写老柳被斩,再经吕仙唤醒后道:"恰才杀了我,如何又活了呀?原来我是城南柳树精,可知头上生出柳枝来。"据此,版画上头长枝杈、搀扶吕仙之鬼怪,确为成仙之城南柳树精。其状貌装束与所行之事,均与牙雕鬼怪一般,可推知二者为一,此其一。蟠桃宴罢,西王母道:"老柳,你既成仙,可随

---

① 王国维《宋元戏曲考》定此本为明初人作,当有所据。

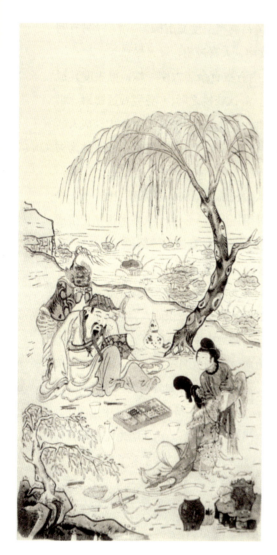

图 4　明代版画中之柳精

洞宾去。"可知柳精自此追随吕仙左右，此其二。此二端均马本所无。以渊源论，元之马本早而明之谷本晚。若以清代艺匠取材便宜论，则元本远而难觅，明本近而易见，其理自然。

又传吕氏曾于岳州城南古寺逢老松精，事见南宋叶梦得《岩下放言》卷四。元永乐宫纯阳殿北门一侧亦有壁画名"柳仙图"，顶出树杈枝条，着人衣，面近人相，捧吕仙剑。据说乃吕仙家童，名柳寄儿。此二者与马谷两本柳精之关系，当属同源而分脉另流。

吕氏"三入岳阳人不识，朗吟已过洞庭湖"之句，本事之外，喷吐仙霞。其题壁诗更直云："惟有城南老柳精，分明知道神仙过。"诸流滥觞，实在吕氏自家。

该版画右边荷塘池畔，独栽垂柳一棵。初不留心，俟再读，则陡然有所触悟。移眸向左，果见左下角山石叠磊中，亭亭桃树一株。鬼怪乃柳精老柳，何仙姑身后之仙女，自是桃仙小桃，至此更无疑义。刻手高明、高明，藏机锋于司空见惯、视而不见处。进而思及牙雕鬼怪顶上之疤孔，亦豁然开朗：脑顶不出树丫，巧凿古树枯桩蛀蚀以代之，暗寓柳精身份来历。异曲而同工，蕴简笔胜繁之妙，不禁嘉叹良久。

后承蒙英国古玩商豪思恩先生惠示清初缂丝一幅，(图5)与牙雕同为康乾间所制，图上柳精竟自吕仙宝葫芦中跃下。可想见其平日缩身隐匿，逢召唤则现形以供驱使，颇似金箍棒之于孙大圣。执灯扶师醉归，自是其分内事。

尝与伯德富某专家闲话，谈及是雕。闻已归余，彼谓牙质洁净，少皴裂，年代不老，由是处置小拍。可憾世人舛误，徒闻黄而脏裂者老牙，不知老牙未必黄而脏裂。古物如人，各承其命。归何许人，栖何等地，经何种事，一一遗迹器上。是际遇不同，品相存状便不同。乾隆六年，陈祖章父子制牙雕册页《月曼清游》十二月景，[②]向贮宫中，历二百六十余年至今，洁白依然，着彩鲜艳，触手如新。善鉴者当不至河汉斯语。

图5　清初缂丝吕洞宾与柳精

②　陈祖章及其子观泉，雍乾间广东牙雕名师，雍正十年奉召至京师，入清宫造办处司艺。《月曼清游》抚宫廷画家陈枚册页，一景一页，写宫闱阁游乐闲情，每页对题乾隆御制诗，并特旨祖章等于第十二景"冬闱集艳"墙垣上刻楷书填蓝"小臣陈祖章顾彭年常存肖汉振陈观泉恭制"款，亦匠家宠遇殊荣也。

天伦乐

通高 16.2 厘米

乙酉年春，纽约苏富比拍卖有象牙圆雕一座。一老者手扶屈膝，另手执蒲扇，坐湖石平坦处，啜茗乘凉。一小儿跪蹲其后，攥小拳捶背，桑榆暮景与乖觉活泼，谐乐盎然。（图1）拍卖者无以名之，称"组像，清代"。此寻常生活情景，实称有专名。

人伦之说，见《孟子·滕文公上》："使契为司徒，教以人伦，父子有亲，君臣有义，夫妇有别，长幼有序，朋友有信。"朱熹注："伦，序也。"人伦五常，与生俱来，万古不移，可谓之天伦。世人百姓则古今略同，将谆谆教导一味断章取义、就简近便、活学活用，大抵认家人亲亲之义为天伦之义，家人亲亲之乐为天伦之乐耳。此牙雕写长辈享弄孙之乐，是"天伦乐"也。

乾隆至嘉道间，牙角竹石雕艺逼真、取材写实之风气大兴，实肇端于康雍。如周彬、杨玉璇寿山石雕，虽神仙道释人

图1

图 2 牙雕天伦乐

物,必毕肖真人。又如项天成虎丘捏像绝技,为主顾影真造像,须眉七窍,一一赅存。此牙雕之爷翁,慈眉善目,门齿缺豁,皮松肉弛,耳廓脆骨薄透,锁肋条条可数,旧履趿拉走形,直是一街头邻里老人家。孙儿则仍袭宋人童子婴戏脸相,留顶发,面如满月,下颏容长肥圆。新风与旧式并存,有康雍乾移易过渡意味(图2)。眼目之雕法极具特色,不点瞳睛,留白如杏仁,明末至雍乾间牙雕立像上常见。(图3)定为雍乾间北派佳制,当无不妥。

明清以来，广东沿海设通商埠岸。洋夷定购牙雕，自是广作占地利人宜。故今日存世海外之牙雕，以广作盒具匣囊、鬼功球、帝后、仕女像居多，北派作品则百不一见。有海外人士囿于管窥，竟据以兴论，谓古代玉瓷漆铜诸艺，皆许中国为冠盖，独牙雕稍逊日本。惜乎彼辈未见北派京作精绝之品，若然，必顿洗谬观。

牙雕天伦乐，传为英伦牙雕收藏大家萨逊爵士（Sir Victor Sassoon）旧藏。彼于二十世纪五十年代即与利物浦公众图书馆合编《萨氏中国象牙雕刻藏品集览》，漏绽虽多，却也图文并举，振振有词，较新中国文物界对古代牙雕工艺之研究，实占捷登之先。

题材既稀见，雕艺又娴熟，且属名家故物，故赴现场竞得之。

图3　清初牙雕彩绘童子

望子乘龙

通高 39.5 厘米

明样宫妆贵妇，盛鬓堆鸦，披云肩，呵儿膝上，护爱温柔；傍立长妇，当是婆母，挂命妇霞帔，环佩坠裾，手折牡丹，诱逗戏探；小儿亦着绫纨，摇拨浪鼓儿，见花而欲抓拿，宁不痴视少停。（图1）

座下洞石，祥瑞环簇，滋茂生发：灵芝者如意宝菌，水仙者金盏银台，君竹者节节高升，蟠桃者福寿绵全，成芝仙祝寿之图，融融颂吉之声，不绝于响。

更有蛟龙一条，踏海水激湍，潜于山石之下，几经蟠伏旋曲，昂首向上，口衔贵妇垂穗。此乃破题之笔：望子乘龙也。乘龙，典出《易经》："大明始终，六位时成，时乘六龙以御天。"六位六龙，即乾卦六爻，喻人欲得志，须乘时以动，自强不息。今日父母"望子成龙"，是典之蝉壳遗蜕也。婆母饰戴，亦是双龙纹佩，呼应题旨。

举凡眉睫脉脉，柔唇颊涡，簪花乌云，玉指尖纤，乃至芝肉桃叶之阴晴卷转，竹节树眼之活灵活

图1 牙雕望子乘龙

现，靡不入微。

气派绮典秾华，包浆脂凝润黄，断乎非晚于乾隆时物所能有也。将小儿面庞与清初缂丝麒麟童子比对观之，(图2)何其相似乃尔。

望子乘龙，题材极罕见，以致海内外中国寓意纹样专著均未著录。传世实物，多年来亦仅遇两器：牙雕居其一；另为清初青花"望子乘龙"筒瓶一只，(图3)业经伦敦克利斯蒂拍卖行拍出。

图2 清初缂丝麒麟童子

图3 清初青花望子乘龙筒瓶

苑池春梦图册

通高 31.8 厘米，宽 24.6 厘米
最高雕片 20.3 厘米

满彻紫檀框板，熟铜活环合页相连，高宽如巨册；凡八开，每开镶嵌牙雕片一，形状各异，间距错落，以免闭合时相互磨损。

据画意，可依次题曰：荷暑风摇、芍隐蕉石（图1），云松翳锦（图2），葡蔓垂影（图3），桐荫深处（图4），花柳屏琴（图5），夜箫幽竹（图6），月窥香杏（图7）。

图1　荷暑风摇与芍隐蕉石

图2 云松翳锦

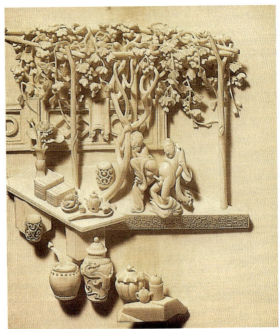

图3 葡蔓垂影

图5 花柳屏琴

图 4 桐荫深处

图 6 夜箫幽竹　　　　　　　　　　　　　　　　　图 7 月窥香杳

虽画面浮雕，其深剜高凸，不让圆雕：人物股肉肌柔，遮影于地，几欲脱出画面；洞石剔透玲珑，植卉姿绕活乱，园景栏台、器玩陈设，直可挪移他去。

铭心绝品也！亟许为乾隆朝第一象牙雕工。刻手留迹小方章一枚曰"李寿字茂璧"，惜无载传。视当时乾隆宫中诸牙雕名匠之传世手作，望李氏后尘，相差不可以道里计。

诃梨帝母

通高 26 厘米

牙质淡黄润净。妇容慈安和穆，一手抱幼儿，朗目星灿，另手执绿叶，宛如贝书。（图1）

凡此类像，民间盖以"观音送子"呼之，国际古玩界亦沿袭此说。

乾隆三十二年，丁观鹏奉敕绘《法界源流图》长卷，远摹北宋南诏画家张胜温梵像图笔意，近咨章嘉国师以正讹舛，帝释以下佛国列尊，无不具备，端是正赅典核之本。卷中观音变相，凡十六相，并无"送子"一相。而擎多子石榴、怀揽小儿、哺乳嬉戏妇人，实乃诃梨帝母及梵天众女。

宋沙门宗晓《金光明经照解卷下》"鬼子母及五百鬼子毗奈那杂事"，述诃梨帝母本迹："昔王舍城有二药叉[①]，一曰婆多，一曰半遮罗婆多，生女曰欢喜遮罗，生男曰半支迦。二人父母先曾指腹为婚，支迦即娶欢喜为妻。始过三日，欢喜言：我欲食王城男女。夫止之不从。续生五百子，最小曰爱儿。五百成立，母恃之，遂窃食人子，众不所知。因卜师，云是药叉所作，虽祭之亦不免。时有一神示梦，云是欢喜药叉作祟，当往告佛。众言彼是恶贼，何名欢喜！因此遂呼为诃梨帝喃[②]。众往白佛，佛乞食次，但见爱儿，即以钵覆之。母归失子，颠狂，遍界寻觅不见。多闻天言：汝若归佛，即得见也。遂往白佛。佛言，汝有几子？答有五百。佛言，

---

① 一译"夜叉"。
② 梵文 Hariti 译音，意为暴恶。

图1　牙雕诃梨帝母

五百失一，如是苦恼，况佗一子乎。母曰：乞诲于我。佛即为受三归五戒。母又白言：我等今何食耶？佛言：我敕诸弟子每日食次，施众生食，并于行末设食一盘，呼汝名供之。佛又付嘱应护僧尼等大藏。又有鬼子母经一卷云：母有千子，皆为鬼王，统领万鬼。五百在天，娆于诸天，五百在地，娆于人民，或称山林地神等。母从佛受戒，得须陀洹果，自言天上人间无子息者，我当与之。诃梨帝母真言法：画鬼母形，当作天女身，真金色，着天衣，头冠璎珞，坐宝台上，垂双足，于足两边画二子傍立，于二膝上各坐一子，怀中又抱一子，右手执吉祥果。"

不厌辞费，引述经典，所欲明者两端：诃梨帝母，夜叉前身，皈佛，愿承送子佑婴之责，乃夫妇求子息者应祈神灵，非观音也。其供容衣饰，与"寻声救苦观世音"及"如意轮观世音"等诸观音变相类同，民间拜卜混投，误或出于此。

讹误成俗，焉能改之，且终究无碍，更何须改之！惟希谨于学者或能取裨于斯。

玉 玩

玉香囊
玉冠顶
虎首玉璜
刘海儿戏蟾
东方朔
渔樵耕读玉山子

玉香囊

直径 5.2 厘米

诵屈子《离骚》句："扈江离与辟芷兮，纫秋兰以为佩。"知佩芳香以示高洁，风尚遥古。吟古乐府《为焦仲卿妻作》"红罗复斗帐，四角垂香囊"及魏人繁钦《定情诗》"何以致叩叩，香囊系肘后"之句，是挂佩香囊以驱邪祟，避亵浊，更兼取悦情好。

古之香囊，常以织锦丝帛为之。稀贵者，金玉珠犀之制。储沉檀龙麝其中，仍外套绣囊，溢香氤氲，静参鼻观，而香料不至屑碎抖漏。

今日得以目见之玉香囊，大多明清遗物，盒盖两分者多，整料成器者少。此件属代明中，用和阗白玉，圆如饼饵，厚薄亦如之。镂抠中空，通体透雕，竟不畏驭象莺舞，以玉工摹仿灵指红绣，兰草滋衍做锦地，一面雕松鹤遐龄，（图1）一面雕双鹊梅花，俗谓喜上眉梢也。（图2）迎光视之，网隙缠丽，绮密匀华，玉质明透若菱藕熟羹，可人尤物也。

售者菲利普·卓别林与老伴儿安吉拉，均年逾八旬，自堪萨斯偏僻小镇来旧金山展售。经营颇庞乱，涵盖亚太各国杂项。自奉得过且过、随遇而安，终日坐区区展柜后，老太只是不停吃食，老头只是不停瞌睡。逢客问，老太辄凑耳旁，轻碰软肋："菲利普，菲利普，年代，年代？"或"菲利普，菲利普，价钱，价钱？"

小铺冷摊，富豪客自不践其庭，不知每有讶异珍罕出没其间。

图1 玉香囊

图2

玉冠顶

高6厘米

美国青年吉姆·苏德，快乐小伙儿也。值新婚燕尔，忽发奇思，欲做世界古董生意。凑得非洲、印度、土耳其等地丝绣、首饰、银器、烟具若干，余者皆墨西哥木雕石刻，草台搭班，于希斯伯若古董节仓促上场。开幕日，令爱妻坐守，彼自端咖啡一杯，满场周游，广事结交。遇余，谈不数语，即凿凿称有中国古物一件，虽一件，却是明代宝贝，有亚洲权威做证。其后获知，权威即邻位展家，专业柬埔寨龛窟佛头。

随之前往，见玻璃柜上层，一玉雕冠顶峭然孤立投光中。断非明代，实不能晚于金、元。问所来，乃订婚之日，未来之岳祖母馈赠。幸蒙爱妻首肯，今携来以壮阵容。价格经权威代定，不能再低。余当即写付支票。彼单纯人，全不查余之身份信誉，收支票，吻爱妻，转眼又逍遥无踪矣。

玉透淡虾青色，经八百余年血脉喂养，娇嫩灵滴，几入手欲化。底平，有象鼻穿孔四对，以系之冠端。冠顶之形，耸圆如高丘，透雕洞镂，写一隅荷塘秋景：荻苇葭叶，尚葱茏纠织，恣意袅袅，而碧盖翻摇，菡瓣颓扶，蕊苟而莲房子满，残盖折半披离，已见西风凋零意。鹭鸶九，峨冠高挑，长喙尖锐，徜徉水植间，或衔茎，或啄流，或剔翎梳羽，或转项顾盼，或依依喁喁。以鹭喙之细，细如绣针，必中走一刀以分别上下；视鹭眼之微，微如尘粒，必轻划四刀成菱形，以点瞳睛。（图1、图2）堪称承祧两宋玉风："碾法如刻，细入发丝，无隙败矩，工致极矣尽矣。"①

图样之名不一，意蕴则两涵，以下分而述之。

一名鹭食青莲，或食鹭清莲，或鹭鹭青莲。谐音取义，或禄食清廉，或仕禄清廉，或禄路清廉，大同而小异。考清廉廉洁之说，初见《楚辞·招魂》："朕幼清以廉洁兮。"东汉王逸《楚辞章句》注曰："不受曰廉，不污曰洁。"南华《说剑》亦道："以清廉士为锷。"至宋周敦颐《爱莲说》出，清操节守之思，始托寄讽咏于莲荷。宋瓷，以定窑划花为尤，常绘莲纹，已涵其意。元青花之池莲，明清瓷之束莲，一脉相沿。而鹭禄莲廉，据此玉冠顶，则至迟于金、元时已现。存世之玉冠，是图占十之七八，明示倡廉。

一名鹭序鸳行。传师旷《禽经》云："寮寀雍雍，鸿仪鹭序。"鹭鸳，水鸟沼禽也，止息有班，行立有序，以喻百官朝班列次。如杜工部《暮春题瀼西新赁草堂之五》"未息豺虎斗，空惭鸳鹭行"及元宋无《子虚翠寒集·上冯集贤》"玉笋晓班联鹭序，紫檀春殿对龙颜"句，皆此意。此件不见鸳鸯，乃鹭序。

古之名门世家称冠族，达官显贵称冠盖。冠服、冠带，官位仕宦也。玉，贵重物，以制冠顶，初之旧主，当是某俸禄丰而位高官者无疑。冠仕禄清廉于首要，自勉耶？自诩耶？抑或文饰堂皇耶？

夫无腐何必反，皆廉莫须倡。吾中华之国，地广而饶富，民勤而顺忍，而万劫死穴，总在官吏苛暴贪渎。古已肇患，今祸愈烈，孰朝孰代，期之能免！捧观玉冠，感系万端。

① 见明高濂《燕闲清赏笺》。

图1 玉冠

图2

虎首玉璜

横长 7 厘米，肉宽 2.5 厘米

璜，古礼器六瑞玉之一。《说文》释璜："半璧也。"《周礼·春官·大宗伯》："以玄璜礼北方。"下注："半璧曰璜，象冬闭藏，地上无物，惟天半见也。"玉璧礼天，形圆，故璜割之半以象形。检传世玉璜，多不及一半，少数如下例，则稍过之。所谓"半璧"，乃语焉大概。今人有璜像彩虹之说，未考论据何出。

图 1　玉璜

采和阗山料黄玉,片状,肉宽,弧形,缘际凸齿若城堞。双面雕,两端出虎首,髭睛异样,以谷纹联臀尾。(图1)乃雄雌媾和、乾坤交泰而百谷滋茂之象。又有长教幼随一说,似不相侔。

虎之相,和乐调皮,钩爪相向,刻施勾撤,即一面坡阴线刻法。虎身披重环纹,盾形而列如甲胄,共七十二片。乍视之,鳞次排布,无奇可道。待倾仄映光看去,始见名堂潜伏:一片重环不过米粒大小,环内竟填以网格纹,纹线尚不及发丝十分之一,但觉细划茸密,其密度亚赛今日科学实验所用之"分子筛",奇妙非常。置于高倍放大镜下,始见每片重环之中,少则十余线,多则二十余线,斜错交叉,间格均匀,而重环七十二片,凡千数百线,线线交待爽晰、不紊不扰,且无一线滑冲环外。(图2)以今日之科技手段,若非聚强光、假仪镜,欲数清已殊为不易。当时玉工,不过凭肉眼一双,借日照采明,竟如何措手着砣!技至于此,便是今工难到处,乃"打死也做不出来"之鬼斧神工也。

铺贯两虎间之谷纹,疏密有致,旋转生姿,无纤些拖沓。现今高仿三代秦汉古玉,藏家皆闻风畏怖。彼辈实是欺生凌弱耳。不必花活大演,请规规矩矩砣一线条,

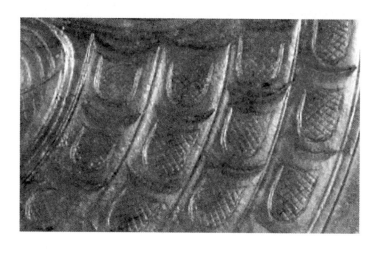

图2 网格纹

比试古工起止滋味，便判然乎见之云泥。

琢玉勾撤之法，本西周开辟，春秋初仍袭用。至春秋中，极富肉质弹性之隐起浮雕从中化出，方树立春秋面目。重环纹始于西周，盛行西周中、晚期，并遗韵春秋。或虎首玉璜之断代，将游离于西周、春秋之间欤？然西周纹饰尚简，每呈带状向两方延续。春秋则纹饰崇繁，朝四方满铺遍缛也，例恰此璜。夫是，先站稳春秋。勘谷纹纹饰，肇代春秋。璜之谷纹，单线阴刻涡卷，仍具雏形，全不似春秋晚期及战国两汉谷纹之籽粒豆鼓。定之春秋中前期物，允矣。

玉璜无穿，乃礼器，非为佩挂。有玉家谓礼器规制必大，制小为佩玉。此说无稽，想当然耳。礼者，祭神以致福。古礼仪祭祀自有官民公私场合之别，既"孔子为儿嬉戏"，亦"常陈俎豆，设礼容"。[①]故礼器之玉，一如明清之香炉、五供，焉能一律重大隆宏。

访得于加州海滨小城卡美尔旧货店。向西数百步之遥，临海崖头，乃张大千先生晚年卜居之環蓽庵也。

---

① 《史记·孔子世家》。

刘海儿戏蟾

高 8.3 厘米

玉雕《刘海儿戏蟾》,玉质莹白,润似新剥荔枝。

天灵剃光如轮月,披发四散,于脑囟分开。袒乳露腹,喜笑颜开,双足舞踏,左手握珠藏于耳后,以戏逗缘右肩攀缘而上之金蟾,而颈缩肩拱,抵膝之右手五指绷直,大有触痒不禁之态。(图1)腰间别扫帚一把,即"一帚扫清三界尘,戏蟾犹自不离身"[①]之意。另挂串钱与宝葫芦。金蟾俏皮可爱,瞳睛蛙鼓,蜍斑隐起,爪蹼修长犀锐,下腭囊软似能聚气。

刘海儿,道家名仙之一。明清绘画、织绣与传说尝描绘其与众仙游,然不入八仙之列。史载五代时燕人刘海蟾,信道家术,仕燕主刘守光为相。尝以宫赐玉带示其师正阳子。师海之曰:不如汝性命贵重。乃悟旦夕将有祸至(一说其师取钱蛋各十枚摞置成塔形,讽喻其宦途危如累卵),遂辞官隐入山中修道,号海蟾子,后世奉为全真道教北五祖之一。刘海儿戏蟾种种,谅是民间由其姓名附会而来。

今藏日本京都之元代颜秋月辉所绘《刘海儿像》,手持折技桃,金蟾蹲踞肩上,相颇深沉,当是现存最早之刘海儿造像。又巴黎吉美亚洲艺术博物馆所藏、上款为"大明景泰五年八月初三日施"之宫本彩绘立轴《五通得道神仙侣等众》一幅,刘

---

① 见《乾隆御制诗集》五集卷二十四《咏吴之璠竹刻海蟾笔筒》。

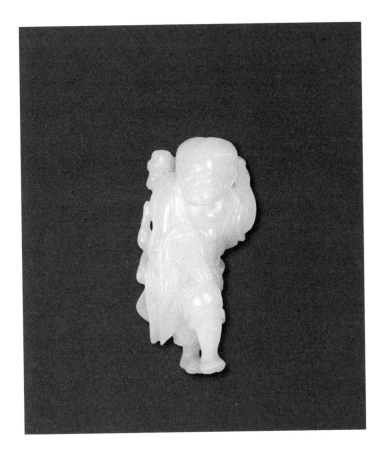

图 1 玉雕刘海儿戏蟾

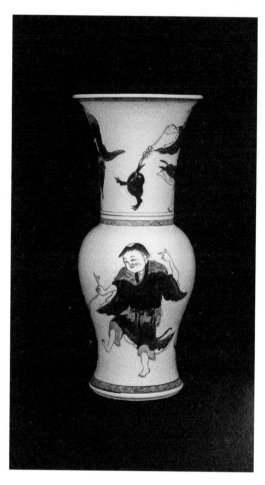

图2 康熙青花釉里红刘海儿戏蟾凤尾樽

海儿于群仙中，敞胸赤膊，面含笑意，金蟾随其后。元明之刘海儿，披发并不剃顶，相伴惟有金蟾。至所见康熙瓷器或竹石玉雕之刘海儿，脑顶光圆，相伴者时有唐僧寒山，时有海中龙女，道具则珠、钱、扫帚，增饰愈繁矣。清中期后，渐形式微，仅余蟾与钱串。更有惟钱串在手者，立店家门前招徕主顾。今之世人，于吕洞宾，但知"狗咬吕洞宾"一句俗语；于刘海儿，但知拎钱戏蟾。神仙故事，流传民间，皆经简—繁—简之过程，观此信然。

玉雕得自旧金山某私家。品度其玉工，乾隆以后，难继其响矣。再观笑貌，相术所称纵理纹者，于颧下自鼻翼两三笑漾至口角，手法与所见康熙瓷器全同，足蹈踏歌之态亦同，故定为康雍时物。（图2）尤喜人处，披挂最全，蟾、珠、钱、帚一应俱在，更多宝葫芦一只，为历来所罕见。

由雕工之精湛，忆及多年以前，趋谒"北玉四杰"之一刘德盈门人杨茂福老师傅，请教识别新、老玉工之道。师本拙讷言辞，时更哮喘卧床，但咳嘶沙哑云："老工一个劲儿。"当时未忍详问。如今闻识少增，反刍师教，藏旨殊深。试为解之：古玉工之切、磋、琢、磨，由始至终，自宏入微，精、气、神一以贯之，无稍懈怠，"一个劲儿"之意一也。古时碾具，铁制砣轮，水蘸解玉金刚砂，手把脚踏，以攻玉之坚，一琢一道白印而已。是一勾一剜，一线一面，皆移时费日，或经年累月，乃成一器。及入赏家眼中，却看似于洒脱不经意间一挥而就，"一个劲儿"之意二也。

惜三十年前，为能将之插立于木座上，物主曾高酬请珠宝技工于其左足底钻洞，栽入细如牙签、短如按钉之戴帽钢桩一段，并灌胶以图万年永固。北京匠师俗呼此为"绝户活儿"。余为之疗伤，晨起至暮，屏息静气、目不转睛、柔捻慢摇轻抽者六七个时辰，方取出钢桩并滴入白蜡抚平。幸伤足下，并未妨碍观瞻。虽如此，物主外行，萌此蠢念，不免招人恼恨。而美国技工，不问皂白青红，分明一桩混账活计，竟照样热情洋溢、全力以赴，亦可谓敬业滥施矣。

行中有评玉语云：天残不算残，地残情有原，人残不值钱。此商贾腔调，非惜玉人心情。余谓：天残生苍幻，地残得冥玄，人残妍堪怜。

东方朔

通高8厘米

　　东方朔偷桃故事，于晋张华《博物志》初见端倪，迭经演绎，流传至今。

　　是件购自亚利桑纳一藏家，索价贵甚。玉青白，入掌即觉坠重压手，知为上佳和阗玉所制。（图1）雕东方老人戴葛巾、负斗笠，斗笠编织如真物，背微伛，拈髯而立，慈眉善目，笑眼修长，手执折枝桃背肩上，桃两枚，叶四五片，枝端叶梢有黄褐沁斑淋漓点染，平添妙韵。（图2）

　　刀法洗练简净，棱折挺拔有法度，直逼汉代八刀气象，非乾隆玉工莫属。复观十指手背之柔润丰盈，桃叶栩栩之索索弯曲，更信其是。

　　是雕与前述刘海儿戏蟾，不过清赏玩器耳。然沉心咂呪其艺诣，又觉非"手眼滴血"四字不足状其良苦。古匠做艺师，不惟玉工，既身怀绝技供奉内庭者如玉璇、尤通、祖章父子、封氏昆仲，①因之足温饱，未尝得富贵也。至如小松、仲谦辈，②生时聊以糊口，死时一贫如洗，况芸芸工匠乎？且名家款识姓字，或以馨烈扇熏后世自慰。至于无名匠手如雕东方朔、刘海儿者，利难奢求，名亦湮没无闻。然检视古来件件遗作，技已遏响云霄，犹日孜孜，益入无涯之境，而埋首不求人知，虽一厥一镂，莫不矜持自重，"手眼滴血"以为之，性中似有沉沉海灯大光明者。且不论以今人汲汲功利取巧风习，既操文人士大夫"三代以下惟恐不好名"之心揣度之，殊不可解悟，殊不可解悟。

　　噫，秉性愚钝兮，大诚至朴兮，惟天知鉴。

图 1

图2 玉雕东方朔

既非鸿篇巨制,亦非白玉羊脂。购之,惟因其佳。某西人藏家尝当余面笑讥:"中国买家买玉,惟玉白个儿大者是取。"闻之颇不平。或有其人,绝非全体,奈何一言以蔽之。诸国人同道自当引申为诫,总以朱子教诲"有则改之,无则加勉"为是。

① 杨玑,字玉璇,康熙年间福建寿山石雕名师,曾入内府为御工。
尤通,字雨源,康熙年间犀角雕高手,受征召入苑作。
见本书《吕祖醉归》注②。
封锡禄,字义侯,弟锡璋,字汉侯,康熙年间竹刻名家,同时值艺清宫养心殿。

② 朱小松,名缨,字清父,明末嘉定竹刻大家。据明徐学谟《朱隐君墓志铭》,"当君属纩时,瓶乏宿春"。
濮澄,字仲谦,明末清初金陵竹刻执牛耳者。《陶庵梦忆》称"仲谦名躁甚,得其一款,物辄腾贵。三山街润泽于仲谦之手者,数十人焉,而仲谦赤贫自如也。"

渔樵耕读玉山子

近十年前,得《苏武牧羊》玉雕,喜而赞叹:"和阗玉,白蓝青莹,似千年冰,有玉洁冰清之感。质重,压腕欲折,材硕,足以琢成山子。"今将此渔樵耕读玉山子与之比观,直如同一玉料而两割分做。

雕琢极精细,既刀口线底亦呈蜡脂般柔泽。山石块磊,水田阡陌,人面如豆而毕具五官,牛狗虽小却劲肌活腱,策牛手中枝条,樵夫肩上捆柴,诵书吟摇冠翅,岩下过流渔舟,一一形象眼前。(图1,图2,图3,图4)

图1 渔樵耕读玉山子

图2

图3

图4

　　曾文正祖父星冈公尝言:"宽一虽点翰林,我家仍靠作田为业,不靠他吃饭。"其家训又以不学为耻。夫渔樵耕读,或简谓耕读,乃古人秉素朴家风,无论达穷进退,赖以安身立命、尚志明世之根本。耕,所以给衣食温饱;读,所以得修身致知,正此玉山含义也。

竹　木

竹雕双福

黄杨雕写真坐像

竹雕刘海儿戏蟾

竹雕银胆松形杯成对

竹雕吕洞宾与城南柳

伽楠香木雕盅

沉香雕松鼠葡萄图奈何杯

沉香雕松湾渔荫图仿犀杯

沉香雕溪山清晓图仿犀杯

邓云樵制葡萄螳螂图酒盅

沉香雕回峰秋望图仿犀杯

沉香雕岁岁双安暖手

竹雕双福

通高23厘米

古谚云："福无双至，祸不单行。"避祸趋福，乃人之天性。福不厌其多，多多而益善，欲全祈满，更是人之常情。雕童子二，各手执一蝠，或雕童子一而双手托两蝠，称双福，亦称福孩儿，聊慰天道不愜人怀之憾。

童子留双髻，体态圆胖，筋肉丰满，掌足墩厚，不过犷刀阔斧、勾勒大形即止，目睛、鼻口、舌齿，则着意微巧，扶肩抱背，欢天喜地。（图1）庄子所谓匠石斫垩之技，妙在运斤成风，而收放自如，恰到好处。

明代中叶以降，朱氏松邻、小松、三松三世雕竹艺兴。封氏承其圆雕一脉而奋出创树，遂自成一派，大盛而有遮天之势，一时圆雕，几无家不宗封也。是雕乃封派初期作品，时在明末清初。

图1　竹雕双福童子

黄杨雕写真坐像

高15.8厘米，宽13.6厘米

祖宗遗影、生人肖像一格，始踪湮远，画苑久传。迨明至清，状貌象神，技臻纯熟，乃得盛行。一如今人摄影，或行乐游宴，或寿诞喜庆，留念而已。工师匠手，当然循风模进。及康雍乾三朝间，不惟丹青绘描，石雕、泥塑、竹木镌镂，亦纷登用场。《红楼梦》六十七回"见土仪颦卿思故里"，写薛蟠远游携归诸物，"又有在虎邱山上泥捏的薛蟠的小像，与薛蟠毫无相差"。宝钗"拿着细细看了一看，又看看他哥哥，不禁笑起来"。雪芹当时人，所述堪取为凭。又王世襄先生《雕刻集影》[①]收录两实例：汪木斋镌石雕唐英像（传）与清寿山石雕人像。据刀法、取材乃至题字笔迹，后者亦出汪氏之手。汪氏，亦雍乾时人也。中国嘉德2001年春拍亦曾拍出一清黄杨雕写真坐像，亦是同一类肖像作品。（图1）

此黄杨雕像，属对真摹生。（图2，图3）像主乃一介儒生，正当盛年，着清装常服，蓄长辫，持书端坐。观其相，国字方脸，皮绷肉紧，双唇薄抿，面净无须，天灵隆，颧骨突，眼神敏锐，权腮见于耳后，是心忍有机谋之人，功名可望，惟下颌缩蹙，晚年似欠福寿。旁立一小儿，握芝抚鹤，容貌酷肖像主，并列如大瓜小瓜，

---

① 见王世襄先生《锦灰堆》贰卷：雕刻集影—例31、例32。

图1 清黄杨雕写真坐像

图 2　黄杨雕写真坐像　　　　　　　　　　　图 3

显然父子。再伴以青松瑶草、灵芝卧鹿，主次人物景置，借玲珑山石过渡，联结为整体。

　　由汪木斋作品及此像，可知当时写真小照，其刻划状微之功，专攫像主面容神态，其余衣饰、摆设、景境，仍可挥添想象，做寓喻处置。

竹雕刘海儿戏蟾

圆雕摆件,大如拳,入手莹滑,颇畅爱玩。

敞衣袒腹,枕葫芦,执铜钱,双脚盘勾,更助笑漾。老搭档金蟾,蟾身而龙首,脑后披龙鬣,所见仅此一例。(图1)

图1 竹雕刘海儿戏蟾

竹雕银胆松形杯成对

高9.5厘米

老松龙鳞叠落,蟠桩虬枝,旁伸怪走,碧针筠团,微有移云风意,枯疤蚀疖历历,浑似天生天放。静对久之,浑然忘其为竹制,因每吟金冬心画松自题之句:"若问此松年纪,轩辕在上头眠。"(图1,图2)

杯以松形,难免状其桠杈锋棱,若处理不当,为之减色。而此对杯,松之神形毕肖,而一任手游遍抚,却了无勾豁挂碍之弊,且有飘飘然滑脱欲去之感。盖艺匠高明,尽去琐碎累赘于刀下,乃真知雕刻灵谛者也。

明末清初时物,完好无损,内镶银胆俱在。若载入时下商家拍卖图录,必称:"成对流传,殊为不易。"一粲。

图 1 竹雕银胆松形杯

图 2

竹雕吕洞宾与城南柳

通高 29 厘米

继牙雕《吕仙醉归》之后,复三载,又得此竹本。异工而同曲,吕仙柳精,与余前缘殊深也。

吕仙携配之物,少一箬笠,多拂尘一柄、葫芦一只、灵芝两头。柳精捧酒案,脑顶出柳枝,三杈倒挂。雕手将就竹材之势以构思,上大下窄,四脚纷沓,然无局促之感。(图1)

得之于后,年代亦略晚。观吕仙眉眼手相,不能晚于清中。

图1 竹雕吕洞宾与城南柳

伽楠香木雕盅

杯高6.5厘米

初，洛城某拍家寄来图录，雕杯在焉。玲珑将可盈握，工在晚明清初，材则似柏似楠，又似黄檀梨枣。杯小，然不敢小视，盖恰因其小，每以罕贵之材制就。或反言之，罕贵之物难得大材，故每制为小品。经再三审察，隐见黑色筋纹密纵木质中，更似沉香木脂脉。恐图录光色失谱，究竟惑辨其类，遂亲自长途驱车往观。

确为沉香木之属。杯之用，酒杯也。雕如意童子为前导，神仙人物二，游赏松竹下，一踏石登高，擎鲜折仙桃，一采摘已得，捧抚仙桃，闲坐山石上。（图1）刀法之细腻，难与未见原物者道哉。然杯之质色，乌浓黑紫，膏渍凝积，又油润大异常类。就手中嗅之，一经鼻息温暖，便有幽香徐徐出，飘忽游移，若断若续。少顷，渐团浓郁。以舌尖点之，微觉麻辛苏辣，方悟乃伽楠香木。

案安南、爪哇、海南所生诸香树，结沉香者乃沉香木，若染瓶霉菌株（Phialophora Parasitica）而结香，即是伽楠香木。剥剔木质，随纹镂出，得伽楠香，又称奇楠香等不一，历来为香家魂梦中尊珍王品。沉香木雕品，尚时或可见。而伽楠香木雕，以两岸故宫博物院之重，知名于世之藏品，亦不过龙凤觥、龙寿佩、花蝶扁方数件而已。

历一番争夺，雕杯落余掌握。正四处走动稍事喘息，忽听唤名声，却是洛城古董商约瑟夫，于纽约曾有一面之雅。彼笑云："吾于身旁观战，汝竟不觉？吾店中亦有小木杯一只，状貌酷似，欲得之乎？"此时拍卖尚未结束，遂约晚会。至其时，出杯示余。一见之下，且叹且笑。只雕刻故事不同：颓唐醉仙，依石酣枕，杯犹在手，松荫遮顶；远处席地一小童，正自瞌睡；近侍一童子，勉强站立，不免已斜困晃。除此之外，两杯并立，活似一家弟兄，謦欬相通，亦缭袭芬馥。

香家言：欲睹真伽楠一面，须积三世阴德。语虽夸张，其难确在。

又古艺行中，向不以件头大小论尊卑，大者自好，小者亦佳，更不依之定施艺之精疏，反是器愈小，愈倾力攻之，以图小中见大，远如橄榄核雕，如鼻烟壶，如瓷珍鸡缸，近如沉香小杯一类。此两杯系伽楠香木，其雕画刻图，却与所见同时沉香小杯及诗筒笔筒浑然一路，足成沉香木雕一派。而风格上溯，宗出晚明雕刻名家江春波。①台湾某藏家有春波属款沉香笔筒一只，证之了然。且沉香伽楠二木制酒杯，香脂酒浸，缓释渗溶酒液中。久饮之，芳香开窍，活血和中，体魄俱适。春波博识药材奇木，喜采之以治珍玩小品，更善酿美酒。其钟情沉香雕若此，且寿近九十，所以杯与酒两相得益然邪？

杯既得，裹护以纸。三百年物，香氛透染数层。归后，密封琉璃罐中，纸遂弃之一旁。经旬，偶然展纸再嗅，香竟依依不去，亦罕事。

当香嗜难耐时，自不忍置杯爇炙，惟净手笼之，令之煴发香问。香之奇，幻变悠勃，吸入灵髓，刻骨心瘾，永世不忘。每欲述诉文字，惜无可名状，搜索枯肠，不得形容。旧日读《影梅庵忆语》，辟疆小宛，一双香痴，静坐香阁，细品名香，其"风过伽楠，露沃蔷薇，热磨琥珀，酒倾犀斝"及"梅英半舒，荷鹅梨蜜"之赞，蔷薇、梅英、荷梨言其芳甜，琥珀言其松辛，酒犀言其飒沁，排比堆砌，差强达意，未许痛切传神。料古今香迷欲品而论之却腹笥告窘者，非止余一人。

① 江福生，字春波，晚明时苏州人。据《酌泉志》：春波"雕刻神像，所得工价，尽买药材奇木。暇则取藤瘿古木、湘竹，制为砚山、笔架、盘盂、臂阁、麈尾、如意、禅椅、短榻、坐团之类，摩弄光泽，皎洁照人，富贵家莫不持重货以求之。"

图1 伽楠香木雕盅

沉香雕松鼠葡萄图奈何杯

径长 12.4 厘米，高 11 厘米

紫润如膏脂，芳馥淳郁，沉香上品也。

杯之形，殊异，无规矩方圆，如雷击碎石一块。或谓取料随形，略加剖磨而已，或谓出自人工雕凿，摹真天然，今已莫辨庶是矣。（图1，图2）

杯之名，颇怪，曰"奈何杯"，或曰"不离手"，盖敬酒斟杯，非饮罄不得释手，无可奈何，故名。

杯壁浮雕尤美。葡蔓漫爬山石，簇叶拂荫浓蔽，栩栩饶动意，更叹缠丝螺卷，

图1　葡萄松鼠图沉香杯

图2

细入毫微。正秋风坠实累累，狡黠小松鼠，蓬茸缩身，欲蹿跃撷摘。（图3）

松鼠葡萄纹样，晚明清初多见。此杯制作年代，亦大抵如是。

自二十世纪以来，迭经名家收藏。先属英伦勋贵梅纳斯男爵（Baron George de Menasce），继归古董巨子斯宾克父子（Spink & Son），后于七十年代由美国名珠宝设计师海德雷（G.W.Headley）为其所创之海德雷·惠特尼博物馆（Headley-whitney Museum）购藏。该博物馆收藏主题本为美国艺术，近年将馆藏东方艺术品陆续拍售，始得入藏余斋。

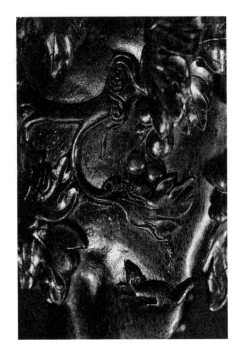

图3 葡萄松鼠图沉香杯局部

沉香雕松湾渔荫图仿犀杯

径长11.2厘米，高5.9厘米

辛卯深秋，飞赴波士顿某拍卖预展，观其所拍黄花梨四平式大方凳一对。及至，察其蹊跷可疑，当为高仿做旧者，遂转觅他物，盖不愿空手而归也。

展柜角落处有竹木器物数件。其中一只仿犀式小杯，尘身垢面，颇不引人注意。上手入目，知为沉香雕杯，晚明清初之物，拍卖图录未刊其图片，起拍价之低，可以忽略不计。

余素爱此类文玩小品，见之便不能自持。然此杯最终花落谁手，尚难预卜。数年以来，国内买家出国寻宝，乌压压成群结队，一双双警眼闪射。尝闻："有你找不到的地方，没他们找不到的地方。"因此又怀忐忑。

果不其然，一声报价，竖牌纷纷。价近两万之时，仅余与另一电话竞拍人仍缠斗不放。起价区区之物，竟遭遇如此顽强抵抗，在余实属罕见。懵懵中，余亦只知举牌而已。最终虽竞得，然落槌价位与余之预期相差甚大，心中寂寂然殊无快意。忆昔与王世襄先生越洋电话，谈海外收藏事，先生每问："又吃着仙丹啦？"古玩行中称廉值购归珍品为"吃仙丹"，以其有令人飘飘欲仙、欣喜若狂之效。惜如此至境，人生能得几回哉！

小插曲：距此器尚有三四件拍品时，余出拍场，沿厅廊向洗手间。步履轻快中，忽觉额面口鼻遭重撞，痛楚之下张目再看，面前竟是一扇透明落地玻璃侧窗。入得洗手间，对镜轻抚，虽未出血，然鼻骨两侧已隐隐青肿。此竞拍前突发之不测，莫非乃竞拍不利之预兆耶！特哂而记之。

小杯仿犀角杯。峭壁旋飞峙立。下窥山谷，谷底一水逶迤，遥横板桥。右岸树影临流，两三村舍。沿左岸崎路向高幽处，有草亭半遮，前后桃林掩映。（图1，图2）

河湍绕山脚而出，势渐平缓。篷舟露半角，泊系崖岩松翳下，渔人布网，波光涟漪。松盖参天，一枝折探杯中。更远处，农夫贩旅，行色不一。

雕刻之艺，落刀便落实，故工细具象易，缥虚绰影难。此杯之妙，妙在芥亭、邈桥、豆舍、小舟、漠林、渺人，若隐若现间，山水立为之宽旷，大畅人胸怀。

杯一料整挖，难得难得。

图1　松湾渔荫图沉香杯

图2

沉香雕溪山清晓图仿犀杯

径长 10.7 厘米，高 7.6 厘米

叠嶂，崎峦，幽壑，响涧。盘径逶迤，人家散落其间。宽袍大袖一老者，曳杖小桥，举步所向，树遮一山居，朽门半掩。穿山迂回更高处，有卜邻两老者，正对晤闲话。沿山路上下，时见零星行人，或骑乘，或挟袱，或肩担，晨行匆匆。经松畔长亭，过孤柏悬崖，山脚下有垂柳古渡头，舟子一篙，撑出篷船。（图1、图2）

起山水图稿，忌强扳穿凿、绝路塞流。此杯树石亭舍地步交通，理合自然，乃胸有丘壑人为之。另一趣处，观当时文人、隐逸、遗民、禅僧画作，法北苑山水者，凡须点缀人物，十之八九乃一策杖游山老人。如是，则此杯细部，亦见当时画风影响。

德国南部私家旧藏。

图1　溪山清晓图沉香杯

图2

邓云樵制葡萄螳螂图酒盅

高 9.4 厘米

图 1　邓云樵制竹酒盅

邓渭,字德璜,一作得璜,号云樵、云樵山人,嘉定竹刻大家邓孚嘉子,善治印,更善刻竹,书宗羊欣行楷。

截竹而成,取其倚躬俯临之势,上写葡萄老藤,蜿蜒曲势,逶迤高向,更兼叶蔓纷茂,紫珠嘟噜捧串。邃荫处,掌叶翻仰,上伏一螳螂,举刀前迈。

借竹节外缘之隆起,天成口沿与足边,并将器身三分,镌题识其间。

"既说御筵王母降,玉壶曾献水晶宫",属"云樵"。

近口沿处属"己未秋日制于怀白山房",印"干云"。

"怀白山房"乃云樵常属之堂名,则"干云"为其闲章。

"说",古同"悦"。用西王母宾于周穆王昭宫之史传,又仿佛隐含本事,或云樵手作曾献入宫中？俟考。

"不羡金茎露一杯"，落款"芝山书于伴松轩"，印"草草"。

"草草"小印，屡见于云樵传世手作，故"芝山"是云樵另号，而"伴松轩"亦是云樵堂名之一。(图1，图2)

初疑为诗筒，复审其外观造型及内部U形底及浸渍陈痕，再据题识大意，知乃饮酒之盅。盅，无把之杯也。金茎露，出汉武建章宫承露台典故。李义山句："侍臣最有相如渴，不赐金茎露一杯。"云樵改一字而用之，似以纵吮琼浆之葡荫螳螂自况，有天放自在而不事王侯之意。螳螂捕食掬饮，仗其刀臂，云樵竹人，饮食仰给，亦一把雕刀而已。寄情寓志，孰谓不宜。

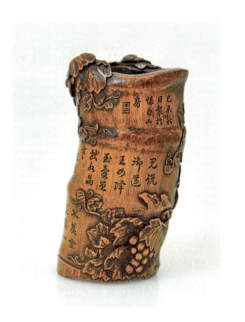

图 2

以上题识之句意，乃述心明志之个语私言，彼此并不相连，且制器并题毕于"怀白山房"，复又题书于"伴松轩"，故绝非一气呵成于同时同地。颇疑云樵制成并题"既说御筵"两句之后，某日，觉意犹未尽，于是另题"不羡金茎"一句。由此推之，此酒盅为云樵身边自用长物，若已归之于他人，则不易亦不必要索回再题也。《竹人录》记云樵性嗜酒，则其自雕饮器，理所当然。

"己未秋日"，当为嘉庆四年（1799），是年太上皇乾隆帝殡天。载记云樵乃乾隆时人，生卒年月不详。观此器，则其活动年限已入嘉庆年间。

云樵晚岁佳作矣，刀法痛快沉郁，湛粹纯青。

沉香雕回峰秋望图仿犀杯

径长12.3厘米,高9厘米

寻山入深处,双松对峙生乱石间,左揖而右让,蟠屈欲接浮云。峰路迂折幽隐,树翳荫庇,奇峰怪石,倒岩垂崖,幸有石磴连级,可供跂攀。三两耆宿,或骑或杖,或琴童随侍,或幺厮牵辔,缓上山行。仰望峭壁下,有高旷平台,正是舒怀极目处;有数人把臂谈笑,似待雅集良友。(图1)

观此杯及前述松湾渔隐与溪山清晓两杯,大约晚明清初之际,沉香雕中曾出现一种新颖刀风,淡描疏写,意境悠邈,如山水画中远山际水一路,人于其中,不过一微粒,不见眉眼毫发,神情意态则无不悉在,足以与江春波式精雕细刻、毫发毕现之刀风分庭抗礼。

古沉香杯难得整挖,拼接成形者多,此杯与溪山清晓杯均是,杯内及底足髹玄漆,防浸渗之意甚明。然杯外拼接痕迹往往藏匿于最意料不到处,如皱褶内,如桠杈间,肉眼难辨,真可谓煞费心机,绝技也。

图1 回峰秋望图沉香杯

沉香雕岁岁双安暖手

高 8.2 厘米

鹌鹑成双，喙衔稻谷两茎，各秀双穗，累粒饱满，谓之岁岁双安。(图1，图2)

此纹样始自雍正，乾隆以后不复流行。据雍正元年九月镶嵌作宫档，"十一日员外郎海望传旨：着做镶嵌插屏一件，高一尺三寸，宽一尺八寸，周围边框座子用紫檀木做，配做象牙双鹌鹑，一茎二穗、一茎九穗谷子二颗……钦此。"同日又传旨："再做镶嵌插屏各高一尺八寸，宽一尺三四寸，一件堆节节双喜，一件堆岁岁双安……钦此。"[①]据之看来，雍正帝乃此纹样设计者。此与雍正帝好祈福，且自登基元年入夏以来，屡有奏报见歧穗嘉禾、同茎双莲等祥瑞大有关系，郎世宁曾奉旨写生，画《聚瑞图》。

此沉香暖手，又称摆件，以整块沉香雕就，双鹑喁喁依偎，雄者瞳睛含英气，雌者燕婉而娴静，羽毛自顶及尾，由小渐大，披落自然，如生血肉肌躯上，后来雕手，不克臻此造诣。

前得葛仁旧藏周笠松风山月竹臂搁，再二年，得此暖手，视所系标签，竟又是葛氏旧藏。

---

① 《清宫内务府造办处档案总汇》第一册，人民出版社，2005年，442页。

图 1　岁岁双安沉香暖手

图 2

文 房

蟾滴
黄杨蔬笋图臂搁
周笠制松风山月图竹臂搁
黄花梨秋荷笔砚
乾隆冬青釉芝形笔砚
玉蟹书镇
紫檀竹林七贤笔筒
玉葫芦水丞
沉香松筠水注
黄花梨天然笔筒
竹雕太师少师笔架
王梅邻桃花源记竹笔筒

玉制芝鹿图诗筒
玉制月影梅诗筒
春日雅集图象牙诗筒
黄杨会昌九老图大画筒
烂柯图牙雕笔筒
黄花梨文具匣
紫檀嵌银丝镶玉墨床
乾隆高丽彩发笺
秋潭映月砚
端石雏凤声清砚
乾隆御铭宫制风字砚

蟾 滴

长 6.8 厘米

赋形为蟾，滴水于砚，故名蟾滴，又称砚蟾。

眼皮层褶，鼓目望天；伏地蹲踞，腹下蹼爪三，为金蟾。口腔孔通，肚囊内空可贮水，颈上有洞，用时以食指揿堵，则翻转周旋而水不得出，指起水出，指落水止，可微调水流滴量，而蟾吻下颏绝无滴渍漓淌，妙极。（图1，图2）

数百年物也。宝光内蕴，已莹酥半透如化蟾精也。每遥置案头，使人猜，有云古铜者，有云玛瑙者，有云紫檀花梨者，独不意为竹。

图1　竹雕蟾滴

图2

黄杨蔬笋图臂搁

通长 20 厘米

　　形状穹拱如覆瓦，厚薄亦如之，通体施透视圆雕之法。

　　秋菘一本，霜叶俯仰，另有慈菰、冬菰、冬笋数枚，交搭叠掩，各臻鲜脆水灵。更见小小蚜虫两只，匿身菘叶缝隙间。（图1，图2）

　　就其构图言之，当以秋菘即白菜为主，余者为辅。移写菘入雕件，似始自康乾间嘉定沈全林。故宫博物院藏其秋虫秋菘图竹笔筒，其上镌诗云："世人所画我不爱，我所画者惟白菜。宜浓宜淡本不拘，岂学临窗用粉黛。"此外则为龚心钊"瞻麓斋"旧藏竹笔筒，题曰螳螂秋菘图。迄今见著图录且以为必真之全林手制雕件仅此两器，俱以菘为主题，可见全林爱菘画菘之句不虚也。

　　东坡《雨后行菜圃》诗中有句云："霜根一蕃滋，风叶渐俯仰。未任筐筥载，已作杯盘想。"然菘以寻常冬令菜蔬而登题艺品，岂皆因风味殊胜而已哉！宋陆佃《埤雅》："菘性凌冬晚凋，四时常见，有松之操，故曰菘。今谓之白菜，其色青白也。"此黄杨蔬笋图臂搁，把赏之间，即觉泠泠心爽，冲然生布衣蔬食、处世清白之感。

　　观沈全林之菘，单刀阴线勾菘叶阳面之筋，双刀阴线勒菘叶阴面之脉。后学竹人之菘，如遐庵叶恭绰旧藏邓云樵制春畦过雨竹笔筒，其写菘奏刀，呈现两种刀法，同一菘叶因弯坠折垂而呈阴阳向背者，因袭全林之法；仅见阴面之菘叶，则以松平之刀散铲，如阔笔涂刷，留白之处即隆起为叶脉。此黄杨臂搁，于状物写实上似更胜一筹，

图1 黄杨蔬笋图臂搁　　　　　图2

叶阴之脉，先浮雕叶脉之主梗枝杈，令之浑润浮出，如人之粗细血管勃张于皮肤下，复以云樵之松刀散铲余留之地子，做出菘叶若隐若现之微脉与皱纹。其余慈菇冬菇冬笋，亦极尽逼真之能事。若全林、云樵之刀法为写意，则此臂搁之刀法则为兼工带写，洵是无名高手作品。

周笠制松风山月图竹臂搁

高6.1厘米，宽3.8厘米

　　裁切竹肌成长方形覆瓦状，素洁怡人，高仅两寸，莫若称为腕搁，似更贴切，乃书画家案头袖珍文具。

　　阳凸一面，刻折枝墨菊，陷地阴刻之上略施刀注，菊瓣遂活意栩栩，以轻铲拟笔泅墨点之叶片，留白筋而为叶脉，婷婷摇曳，刀法韵秀婉转。上端刻诗句"松风吹解带，山月照弹琴"，下钤"周笠"白文小方章。（图1）

　　阴凹一面，于竹簧上写山水一帧：月下遥峰，双峦并峙，葱茏滋茂。山势低缓处，长松招摆，有山风徐来之意，下有数楹草堂临水，水低而苔石时见，似闻琴弦断续声，角押"牧山"朱文随形章。（图2）

　　清王鸣韶《嘉定三艺人传》载周笠小传云："周笠，字牧山，颢之犹子也。画山水师元四家，而得力在干笔皴。少师黄尊古鼎，谓之曰：'娄东虞山一派属于子矣。'笠少于颢十余岁，少同学画、同刻竹，各得其意，不相袭也。生意远出，神气内涵，万点当虚，千层叠起，浑厚中自露秀色，令人一见叹绝者，笠之所长也。各体俱备，苍健雄深，微露乱头粗服之致，颢之所长也。刻竹作画，两者尽之矣。晚寓扬州马氏小玲珑山馆几十年，故手迹流传里中绝少。年才六十，病噎卒。有子为诸生，日耽于酒，将所遗画具、稿本尽入酒家，不久亦卒。孙一，今为道士。"

　　芷岩周颢，康熙十四年生，乾隆二十八年卒，其与牧山周笠既为叔侄则相差十余岁，则牧山亦为康乾间人。周家世居嘉定南翔，叔侄二人同为画家，并有画名而

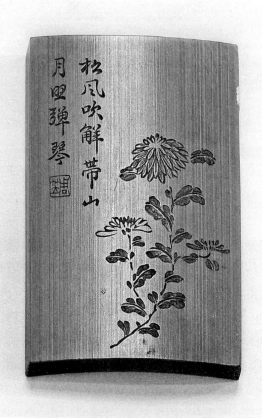

图 1　周笠松风山月图竹臂搁

俱执刀入竹，当时称"大周小周"或"槎南二周"。清冯金伯《墨香居画识》尝记之曰："世目为槎南二周。画寄云：'大周吾曾识，笔墨尽超群。小周胜大周，目断江东云。'"

芷岩，竹刻史上开宗立派之大家，今海内外博物馆藏其竹珍尚有十余件，颇资好竹者研赏。相形之下，牧山虽亦史载名传，却身后寂寞。遍寻海内外公私藏竹，仅宁波天一阁博物馆藏有"牧山"款卧鹿杯一件，从器形乃至技艺，属当时市卖日常之物，归于芷岩一派胜手周笠名下，颇觉可疑。而后来诸家论竹刻竹人之书，于牧山具体竹刻作品，殆无著录。再，王鸣韶，乃雍乾间嘉定人，与二周同时、同乡，亦谙绘事，其《嘉定三艺人传》所记牧山，自是根据与二周交往亲接之实。然后来诸家言及牧山竹艺，大抵沿袭《嘉定三艺人传》之说，未见发乎目击心得之语，故疑彼等从未观摩其竹作真迹。

至此臂搁出，书、画、款识，均臻精绝，斯是迄今为止所发现之牧山惟一竹刻真迹，因可据之将大周小周之竹艺稍作比照。

竹刻山水至芷岩，跳出北宗窠臼，独树一帜，首引南宗画法为之。观此牧山"松风山月"图，亦是南宗，直接元四家之风。金西涯先生论曰："芷岩山水，以阴刻为主，功力自深。其轮廓皴擦，多以一刀刓出，阔狭浅深，长短斜整，无不如意。树木枝干，以钝锋一剔而就，有如屈铁。刀痕爽利，不若用笔或有疲沓之病。

图2

刀与笔,工具不同,故虽是南宗皴法,或具斧劈意趣。所谓'画手所不得到者,能以寸铁写之',盖指此。所谓合南北宗为一体,亦指此。"此论亦符合牧山刀法。《竹人录》称其"以芝岩为法",即叔侄乃同属南宗,且均"以刀代笔"而隐约北宗面目。或芝岩创立新格之际,与之"同学画、同刻竹"之小周,竟是参与同道者?此二周异中之同。

芝岩豪放,"苍健雄深,微露乱头粗服之致",其山水,或溪山松壑,刀法繁密,或竹石小景,刀简意盈,然多近观近景。牧山则婉约,"悉中规矩","浑厚中自露秀色",远山旷水,疏林亭阁,摄远景于方寸之中。芝岩花卉,陷地深刻,"花萼刓剔极深,蕊舌卷转,玲珑可爱"。而牧山折枝菊花,则薄意浅雕,秀逸清幽。此二周同中之异。王鸣韶所谓"各得其意,不相袭也",当指二周之异处言之。

清金元钰《竹人录》记牧山绘画"作水墨花卉,生趣盎然"。此臂搁上菊花叶瓣,沁深色以状墨色浅淡变化,恰是其绘画趣味于竹刻上之体现。

清代竹人以小楷著名者,先有邓云樵,后有王梅邻。牧山小楷之功力,娴朗醇雅,比此二人实有过之而无不及也。

臂搁应为牧山晚岁作品,以经霜寒绽之秋菊自况,所题"松风吹解带,山月照弹琴"则引自王维暮境述怀之作《酬张少府》,起首句有"晚年惟好静,万事不关心"云云。

此周笠竹刻得以保存至今日,幸赖著名中国文物藏家、美国希尔顿饭店集团副总裁兼主建筑师葛仁(Emmanuel Dimitri Gran,1894~1969)。葛氏生于俄国,一九一七年避命上海,以建筑设计为生,从此开始其收藏中国文物之路。因酷爱中国文化,遂自命中国名曰"葛仁",并特制朱文小篆印一枚以为藏品标识。一九三二年,葛氏转至香港,复于一九四一年香港沦陷之前数月,携全部藏品移居美国。葛氏之藏,于其生前逝后,拍卖凡数次,在欧美藏界享有佳誉。其藏品,明清御制器物之外,亦不乏小件文房珍玩,此周笠制松风山月图竹臂搁即为其一。葛氏辞世,此臂搁继由其家人又庋藏近半个世纪,方与世人见面。如此微薄竹器,难比金玉贵重之物，俗目扫过，不过一小竹片耳，流传之中最易毁弃，且葛氏于上海大事收藏之民国年间，藏古界仍画崇宋元、瓷推永宣，青铜古玉非三代则不屑一顾，今日动辄"天价"之清宫御制笔墨，于厂肆中寻常可见，因此当时即便知为清代周笠竹刻真品，又价值几何？若不遇葛氏慧眼拣拾，恐早已不在天壤间矣。每思及此，感佩之余，亦未尝不栗栗后怕。

图3　葛仁小照

黄花梨秋荷笔觇

径长 13 厘米

剪听雨芰荷两叶,边薄而敛卷,焦蚀漏孔,豁口枯缺,高低错叠成两受笔处。撷菡萏两茎,风姿犹浥露姣好,一从叶洞穿流而下,仰粉肌于左,一自叶底蜿行而上,捧红萼于右。莲蓬一头,含粒静孕绿暗下。(图1、图2)

见于犹太裔古董商希尔伯特处。屈就座托,上承碧玉葵花盒,硌硗不稳。盒晚清工,无奇可道,妙在座下具。葵形荷韵,本非原配,亦非座托,乃清初黄花梨秋荷笔捵,又名笔觇。捵,用以抒锐毫锋;觇,窥察侦伺之意,谓书画落笔之先,略点墨、彩其上,试观墨泽设色浓淡之宜。

寻以清红木雕花座一具换之归,得"两头儿乐"也。

图 1 笔觇

图 2

乾隆冬青釉芝形笔觇

长 11 厘米

大小灵芝两本，釉汁肥润，底凸支钉六枚，仿宋代诸窑法。青花"大清乾隆年制"款，乾隆本朝物也。（图1，图2）

图1　乾隆冬青釉笔觇

图2

玉蟹书镇

长 10 厘米

一蟹匍卧，八腿蜷曲，双螯钳抱，咀嚼沫泛，眼柱滴溜竖突，十分机警。铁壳隐约隆伏，边缘尖翘，护甲钉铆错落，惟妙惟肖。请教老饕行家，审其形象身量，腹甲尖脐，腿沿以短锉饰刻金毛，当是阳澄湖大闸蟹玉影，雄性。（图1）

羊脂白玉，质坚凝，火气尽消，沉凉静彻。晃映于天光下，溶溶一抹远霞淡红。观屠砧新割羊脂，确于白中微泛粉红色。古人状物喻物，如鸡骨白、鳝鱼青、

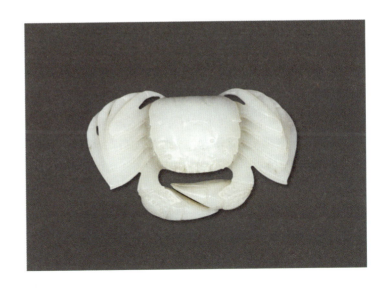

图1 玉蟹书镇

芋头地儿、美人醉、瓜皮翠、豇豆红诸品色，联想俚怪奇兀，实观察精准，求朴素易解耳，无意打诳妄语也。

题材之设象构图，极见巧思。夫蟹，水族之赳赳威武者也。设刻画其经纬横行之姿，举螯张扬而长戈锥戳，必不畅把玩且纤脆易折。尝见清雕玉蟹，身架空，足八跨，钩尖刺地，虽承以木托，仍觉岌岌可危。此件乃取蟹之静态，肥螯环搂胸前，腿足顺次抿拢，浑成一体，抚之手感圆适。

琢工朗逸超迈，有大匠不动声色之风。信是明代书镇，或出自姑苏专诸巷玉工。

此物得自德国莱普兹。欧美拍卖行中人，未解个中深奥，每直白其名曰玉蟹。察《旧五代史·选举志》与《宋史·选举志》，科举甲科进士及第者之名，俱书之黄纸附于卷末，曰黄甲。南宋华岳《翠微南征录·示诸同舍》有句："三举不登黄甲去，两庠空笑白丁归。"明时沿袭旧制，可参见明彭大翼《山堂肆考》。又据《事物异名录·水族》："蟹之大者曰蝤蛑，名黄甲。"

由是，置雕蟹于案头，一则励志苦读，盼早日黄甲高第；二则于开卷功课或倦读释卷之际，用以镇压书页，令之免遭指爪侵按或折角叠记之厄。江南古风，出美蟹，出好文人。隋唐科举兴，更出状元榜眼探花郎，明季尤盛。黄甲之喻，或由当时士子辈倡始。

雕蟹科甲之喻，另具一格。将芦苇一梗，或口衔螯剪，或体下环盘。唐司马贞《史记索隐》引东汉苏林语云："上传语告下为胪，下传语告上为句。"宋制，殿试后，集新进士于集英殿，皇帝登殿宣诏名次，合门承旨，转传阶下，众兵卫高呼唱名，是谓传胪。《明史·选举志》："士大夫通以乡试第一为解元，会试第一为会元，二、三甲第一为传胪。"至清朝，特指二甲头名为传胪。胪芦谐音，蟹与芦苇，寓公车胜出、黄甲传胪意也。或蟹即解元之解，亦通。常易与蟹啮稻禾、意"和谐"者相混淆。然芦花缨丰，稻穗辫细，叶形亦有阔长条窄之别，辨之立判。

古来吉祥寓意纹样，入清愈添繁缛。向所过目者，黄甲传胪五六件，采料或玉或竹或黄杨，俱为清工；黄甲，则以此明代玉蟹为最早。

紫檀竹林七贤笔筒

高 16.5 厘米

檀香紫檀,清香沁人心脾,黝莹如墨玉,质极坚润。

以峻深精绝刀风,刻竹林七贤图。《世说新语·任诞》:"陈留阮籍、谯国嵇康、河内山涛三人年皆相比,康年少亚之。预此契者,沛国刘伶、陈留阮咸、河内向秀、琅邪王戎。七人常集于竹林之下,肆意酣畅,故世谓竹林七贤。"东晋孙盛晚生约百年,其《晋阳秋》称七贤"于时风誉扇于海内,至于今咏之",亦可谓预言千年后事。

雕手当是熟稔典故之人,刻画七贤,个性鲜明,颇合史籍所述。山涛年最长,面南上首而坐,临棋阵,捻须沉吟,听弦响,赏会于心;与之对弈者王戎,年最少,慧容秀彻,一双视日不眩之目,正如裴楷所赞,"烂烂如岩下电";阮咸妙解音律,创制十三柱长项琵琶,后世称以其名,正自弹拨,旷达不羁;(图1)阮籍善酣饮,托醉逃世,倚山石,扶斜松,傍酒瓮,杯犹在手;嵇中散龙章凤姿,天质自然,挟琴谡谡于林下,人"未尝见其喜愠之色";(图2)向秀平生好读书立言,《庄子注》启迪郭象,《思旧赋》悱恻《昭明》,手展一卷,莫非老庄之文邪?(图3)而酒徒刘伶,澹默少言,放浪形骸,荷锸当风而立,人能闻其"死便埋我"之声。(图4)

清初物也。自嘉道之后,竹木牙雕竹林七贤,虽存老少之别,然张张胖胖团团和气脸,不复能辨明正身矣。

人物情貌自不消说,便是竹个搭叠、松针伞圆、枳实桐茂、罅荫洞萃,浪鳞波

图1 紫檀竹林七贤笔筒——山涛、王戎、阮咸

图2 紫檀竹林七贤笔筒——嵇康、阮籍

图3 紫檀竹林七贤笔筒——向秀

图4 刘伶

纹及何处铲镟、何处钻镂种种手法，无不与下述黄杨会昌九老图画筒形神俱似。遍观传世紫檀高浮雕笔筒，未见能与之相颉颃者。

风格同一之器，迭经手目，乃知绝非独奏孤响，必是赫赫一派，且为清初诸雕派中直接文人书画，迥然雅正庄隽一流。观雍乾间宫制竹木玉牙雕件，斯之一派，已然延入宫中。年代久远，源地失考，匠簿师传亦不录，惟据传世作品未见早于康熙与晚于乾隆者，可略知其气数盛衰。

购于德国斯图加特纳高拍卖行。

玉葫芦水丞

通长 10 厘米

形如葫芦对剖而取其半,浑圆可爱,两圆间依势自然隔断,既可分盛水与墨,亦可抿拭笔毫。抱朴无华,有道家之风,惟前端出云头,阴刻云纹,挂活环一。

火烧玉,呈褐黄青杂色纹绺,元明玉中常见。其云纹不惟与成化至正德间瓷绘相同,砣刻线迹更与上海陆家嘴陆深墓出土之玉幻方上四角云纹意趣一致。陆深,明成化至嘉靖间人,故断此笔洗下限为明代中期。

欧洲工业多向管道设计师 Jacques Poberejsky(1885～1949)旧藏,此公乃中国古玉名藏家。(图1)

图1　玉葫芦水丞

沉香松筠水注

高6.4厘米，长8.9厘米

松墩形，迭缀数片松鳞，松筠缠护两三枝，盘伏劲屈，如篆如籀；上开入水口似枯窿蚀洞，侧隐流孔于凸瘤疤疖内，古雅可爱。（图1）

图1　沉香松筠水注

黄花梨天然笔筒

高 19.3 厘米，径 19.8 厘米

图 1　黄花梨笔筒

取黄花梨老桩，留皮，掏凿半空为笔筒，筒底随形剔凹池，以断其纹性裂向。此外不施雕琢，任之天然自在。（图 1，图 2）

悠悠乎岁月，迭迭乎人世。经数百年流风揩抚，脂腻摩挲，所生之包浆，蕴熟深盈，罩体明动，行话称"一汪水儿"，所见明清木笔筒无出其右者，是木已成精也。

古时文人，身受名攻利敌，心寄泉石溪林，以为科宦败沮之退步，功名场下慰情舔伤处。有笔筒如是，伴书侍画，目绕而心游之，若团割紫云，若横截松壑，若掬捧流瀑，而翩然飞峙案头，起人山水归隐、渔笛烟霞之思。

图2

竹雕太师少师笔架

长 8.6 厘米

图 1　竹雕太师少师笔架

雄狮爪地，前踞臀拱；幼狮娇纵，摇尾仰鼻。腰凹处，恰好搁笔。明时案头物也。鬃尾披垂之间，可见墨漓凝渍，已与竹丝碳化一体矣。（图1）

太师，位列三公之首。少师，位列三孤之首。据《尚书·周官》：立太师、太傅、太保，兹惟三公，论道经邦，燮理阴阳，官不必备，惟其人。少师、少傅、少保，曰三孤。卑于公，尊于卿，为三公之副，以辅天子。民间变通音义，作雄狮幼狮以象太师少师，望高官厚禄，代续人传。

王梅邻桃花源记竹笔筒

高14.4厘米，径8.8厘米

笔筒无镶口配底，只在一材之内讨生活：圈口打洼，留节为底，筒边镌出三凸为足。所知梅邻竹制笔筒诗筒凡四器，高径不一，形制全同，是梅邻习惯，亦可见清初清中之风气嬗蜕移。

竹表因日久年深，莹色如琥珀。筒身刻陶渊明《桃花源记》全篇三百一十七字。起首押"研香"椭圆小闲章，尾题"道光九年，岁次己丑，清和月上浣，书五柳先生桃源记于闲云自怡山馆之西轩。练川梅邻王恒制"，并钤"王恒""仲文"两方章。正如张伯驹先生竹人"铁笔胜毛锥"之赞，其小楷微融行意，气韵匀贯，诵之静逸安详。（图1、图2）

王恒，字仲文、茂林，号梅邻，嘉定刻竹名家王玘从子，上题练川，乃嘉定古称。王世襄先生《此君经眼录》记叶恭绰先生旧藏梅邻秋声赋图笔筒一件，署"嘉庆十六年岁次辛未，清和既望，节录欧阳公秋声赋于闲云自怡之斋，梅邻王恒书并制"。此件制于道光九年。另诗筒一件，刻高爽泉隽语，似署道光十五年，或小有出入。

据之三款，推知两端。其一，《竹人录》称其"工刻小楷"。梅邻实不惟工刻，且不仰他人稿，自书自画自刻，铁笔竹人、毛锥书画，胜场兼擅之。其二，梅邻生卒之年，大约在乾隆末至道光年间。

余昔藏梅邻桃花源记笔筒一件，道光十一年作品，残损过甚，早裂为数瓣矣。

海外拾珍记 … 文 房

 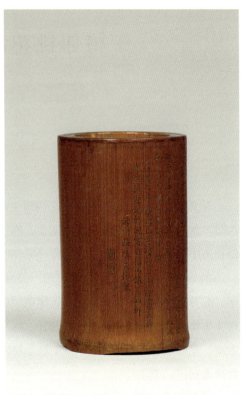

图1 竹雕桃花源记笔筒　　　　　　　　图2

玉制芝鹿图诗筒

高 7.3 厘米

图1　芝鹿图玉诗筒

溪湍潺潺而下，崖峭蔓花垂拂，兰静幽谷，枇杷叶茂。一梅花牡鹿扬首踏蹄，上方石罅间，滋生灵芝一个。

"鹿"与"禄"谐音，芝鹿，取仕途福贵之意。

引枇杷为玉器纹饰，仅见此一例，当时以为艺思即兴之笔。后见美国克利夫兰艺术博物馆所藏乾隆玉山子，一面为扶杖采桃图，另面为溪谷中一鹿，顿步上望，循其所向，亦见枇杷树一株。趣在两器之枇杷树，均繁枝浓叶却不见果实，大出人意料，似有意而为之。枇杷果，古来俗称"黄金果"，古诗中更有"摘尽枇杷一树金"之句，其乃暗寓金尊果腹、禄食华丰邪？（图1）

（美国宾州藏家1983年购自 Rare Art Inc.NY，纽约佳士得2015秋拍）

玉制月影梅诗筒

高 10.5 厘米

月色下，玲珑洞石压陂，旁出古梅两株，劲骨清峭，花萼缀枝，回姿相望。似写林和靖"暗香浮动月黄昏"诗意。

乾隆时物。器形高洁，似古花觚而修敛有度。

传世诗筒以晚明清初器最多，其流行年代亦大致如是。王世襄先生旧藏紫檀笔筒上有梁同叔铭文曰："诗有筒，酒有筒，尖头公，居此中（指笔筒）。"可见诸筒功能各自，足补褚氏之说。

法国世家旧藏，得之于巴黎佳士得。（图1）

图1 玉制月影梅诗筒

春日雅集图象牙诗筒

高 10.3 厘米，径 4.9 厘米

象牙制，购之于伯克利古旧书商皮特·霍华德氏。

以余所见，欧美人操古董业者，个个绞肠诡谲。然就性情古怪、行止乖僻评去，又以古旧书商为最。余于彼辈，向无成见。不意遇一个，怪一个，一路领教下来，渐觉该行当端是怪物渊薮。若于怪中更推最怪，必举皮特·霍华德。

初访其书楼，入门即堕昏暗中，但嗅焚香徐来。仰目极望，天窗小开，光束尘舞。俟稍能辨物，见架栏纵横，塌天欲坍，乌压压皆是西洋烫金旧书。里间幽灯一盏，一蓬发叟，髭沾清泗，腕带花彩塑料念珠，驼伏书城下，键字噼啪，口中喃喃，且目光悚愕。及接谈，眸烁芒刺，喑哑豺声，思绪蹿跳无章。

架上有中文旧书，惜非善本。绕经方柱，柱上托支架，有象牙小筒处架上凌杂间。手取细观，刻山水人物，意境高邈，明人文房诗筒一具也。彼云，筒大有来历，为美国自然光派画家、诗人布鲁斯·波特画室中物。[①]彼与波氏曾孙女相熟识，十数年间，尽得其祖上图书，此筒亦顺带购入。波氏妻，名门闺秀，大哲人

---

① 布鲁斯·波特（Bruce Porter, 1865~1953）旧金山人，诗人、画家、雕塑家、评论家，传载《美国艺术家名人录》。

威廉·詹姆斯掌上珠，其叔父，即名作家亨利·詹姆斯爵士，亦极宠爱之。[2]终亨利·詹姆斯一生，绝婚偶，无子女，或情钟龙阳。虽无女色体验，而端婉淑女屡形笔端，论者谓每掠此女情影入书中。当年太老师赵先生萝蕤入芝加哥大学攻读英美文学，博士论文即择题詹氏小说。先生晚年，余常陪侍左右。先生患目障，仍嗜读詹氏，训余同领其妙。故于詹作知之颇审。

一味攀亲沾故，转觉有异彩缭绕诗筒上。一时更欲蠢蠢。然彼价殊不低，且谓：牙耶骨耶，吾不识，惟识其能入诗画人波氏眼，必美妙，请谐是价方售。余观彼沉吟而价始出，本心无成算，狮子张口耳，便依国人杀价"一刀就砍下他半扇儿"之例，斩之近半。讵料似签戳虎鼻，彼登时血涌面赤，击案咆哮道：吾入旧书业五十七年，名声播扬，国会图书馆亦恭请鉴书释疑。尔何人，敢削价施辱。复多言，必掷尔如掷球，挥手间破窗而出，云云。余笑其嚣张，且年届耄耋，犹任性一至于此，亦可怜。少顷，徐谓之曰：言论自由乃天经，买卖议价乃地义。何错之有？何辱之有？闻此言，彼忽微笑摇头，并不置一词，回身坐定，键字如故。余亦负气出。事至此，须缓图之。

月旬，再访。彼款语温和，判若两人。书商，古旧书商尤甚，自命知书，难入学者雅列，贾贩谋生，见讥富商豪流。如此郁摧纠结，必旁突斜走，化激言戾行而出。众生白眼以为怪，又何足为怪！

复询价，终在彼此价间居中切割。

古之诗筒，制取竹筒，竹节一端留底，诗稿信札储筒内，封另一端，取其防

---

[2] 威廉·詹姆斯（William James，1842～1910）心理学家，美国实用主义哲学之父。亨利·詹姆斯（Henry James，1843～1916）美国小说家，后入英籍，因文学成就受封爵士，死后荣葬英国皇家西敏寺。后世评詹氏兄弟二人，有"兄治心理学如小说，弟治小说如心理学"之论。

图1 春日雅集图诗筒

水、防揉折,且轻便易携,借以传寄友朋间。古法初行何时,俟考。然诗筒之名,最晚于唐代已见载文辞。"为向两川邮吏道,莫辞来去递诗筒",白乐天《长庆集》五三"醉封诗筒寄微之"句也。宋时,林逋《林和靖集》三"寄呈张九礼"有句:"若念故人兼久病,公余无惜寄诗筒。"至明清,诗筒不复行信封之役,转成轩斋长物。晚明屠长卿《文具雅编》,罗列文房器用四十余品,诗筒居其一。

　　检传世实物,竹制之外,玉瓷牙铜翠晶檀均有,采料颇宽。清末民初藏家褚松窗《竹刻脞语》略述形制用途云:"截竹为筒,圆径一寸或七八分,高三寸余,置

图 2

图 3

图 4

之案头，或花下分题，或斋中咏物，零星诗稿，置之是中，谓之诗筒，明末清初最多。"褚氏所言尺寸，当作乾隆旧制市尺。持所获牙筒，按之相合。缘其径细而身短，曾疑容得几多纸页？亲为之试：明清诗笺，大小以《萝轩变古笺谱》或《十竹斋笺谱》为例，裁宣纸代之，纵卷成筒，高约四寸。插入诗筒中，即依贴圆径松开，外露恰一寸有余，拈取便宜。是诗筒一具，可纳笺数十纸。爰悟其名其制，本自昔时驿寄诗筒，尺寸则依当日诗笺尺寸而来。亦缘其体小而形筒，今人皆以小笔筒目之。实则虽毛锥蝇毫插筒中，仍悬头重脚轻之虞。明清文事华盛，雅致铺陈，波澜漾及文具，不惮种类剔别，钵不烹茶，一器专供一用，由此不难想见。

牙筒盈握，高仅半拃，周转观览，如展读明人横幅手卷：时在丽春日，石栏篱隅，倚山临水。文中友三人，盘桓游憩园中。老松一，银杏一，蟠屈虬曲，交掩遮影，根爪拔石抓岩。仰望之，霭霭幢盖如云。疏荫下庇一人，回首袖坐石案旁，落寞虚旷，似冥想，似有待，似听松柏声。(图1)一书童正携琴步近。(图2)径过湖石竹丛，崖岸立臃癃古柳一株，稍敧倾向水，垂发柔条，披翠拂金，微有和煦风意。另两人凭栏闲话，神情萧散。(图3)极目水波浩渺，远际沙渚一抹；长天云淡，渺渺雁行，向北暖归。(图4)

简括而论，断代晚明可也。进而究索于画风，淡描减笔写意之韵、人物景色布排之境，乃至松针柳条竹筠之法，莫不遥指天启。

镌施浅刻填青法，亦称毛雕，言其线划丝微也，填墨青入痕，画迹始醒目。刻手奏刀，刀头具眼，指节通灵，真运刀如运笔锋：钉头鼠尾，顿挫击节，流奔峭折，皴茸浓淡，有游刃之畅，无纤弱之病，刀刀交待清楚，刀刀有看头。明人画，从来下笔就好。此器直须以观画法观之，方不辜负其妙。

黄杨会昌九老图大画筒

高 34.5 厘米，径 28.8 厘米

"洛都四郊，山水之胜，龙门首焉。龙门十寺，观游之胜，香山首焉。"此白居易《修香山寺记》中评点东都周边景色语。

居易晚年购洛阳履道坊杨侍郎旧宅，疏沼种树，凿八节滩，构石楼于龙门东山之香山，[①]流连山中，以诗酒宴赋、诵佛辑书自娱，凡十有八载，自命醉吟先生，又号香山居士。唐会昌五年，与都中高寿者胡杲、吉旼、刘真、郑据、卢贞、张浑、李元爽（一说狄兼谟）、僧如满八耆结社，[②]邀吟游赏于香山泉林间，后世称会昌九老或香山九老，与羲之诸贤兰亭修禊、东坡少游等西园雅集鼎足而三，遗文苑之千古美谈。

通景展开，漫入盛夏山中。松柏峥嵘，浓荫蔽空，叠嶂夹岸，伊水淙淙。俯

---

① 见《新唐书·白居易传》。
② 白居易《九老诗序》：会昌五年三月二十四日，胡、吉、刘、郑、卢、张六贤皆多寿，余亦次焉。于东都履道坊敝居合齿之会。七老相顾，既醉且欢，静而思之，此会希有，因各赋七言诗一章以记之，或传之好事者。其年夏，又有二老，年貌绝伦，同归故乡，亦来斯会，续命书姓名年齿，写其形貌附于图右。仍以一绝赠之云：雪作须眉云作衣，辽东华表暮庆归。一鹤犹稀有何幸，今逢两令感当时。

图1 黄杨雕会昌九老图大画筒　　　　　图2

临幽谷涧树，远眺瀑川遥落。近有雕栏一道，沿河势回转，一路葛花馥郁，碧筠颓遮。巨块青石当桌，上置果品酒馔，茶炉滚沸。一老者坐矮石上，骨相清奇，鼻高目深，执卷诵读，琅琅有声。识其人，乃乐天白居易。九老群中，独居易以诗文名擅天下，据之一也。逢作诗，喜读与人听，老妪尚得聆幸，况同侪社友乎？据之二也。对座老者，袍薄扇垂，舒沉安闲，抬眼凝望，入神有所思。稍远坐一翁，怀揽龙头杖，侧首这边，似已趣问在唇。另有两叟旁站，一托杯含笑，一会心抟髯，一童子抱琴侍立。诸老身后，苔藓林深处，时有翠竹丛拔，修高弯坠，叶簇纷披扑簌。（图1）

94

图 3   图 4

　　踏过水湍石洞，梧桐婆娑生凉。松竹翳翳覆石枰，下坐对弈二老，手谈方酣。左老执子持盅，决然回身，瞬息间投着将下。中立观棋老，屯手蕉扇，早识破玄机，笑漾迷离，欲语而未语间。右老情急，悄以手止，目光如炬，炯炯只待落子入壳。（图2，图3）

　　小径通峭壁危崖。一冠冠老者，定是老衲如满，离群独步，长袖拂身，举手扶断桩，仰面向天，眉眼陶然有销魂意，似吸纳新爽山气，嗅寻缕缕竹风花香，谛听鸟鸣山静。极目林隙外，西山在望，岚气烟绰，峰峦森秀。伊河宽浪汩汩，穿林泄壑而过。（图4）

画筒，盛储画轴、手卷之用。因其容海，观明清画中所绘，抓笔、羽扇、如意之类亦杂插其内。

黄杨素少大料，民间有"千年矮"之名，圆径至长亦不过一拃，此乃天限。若制筒粗肉硕、体形雄伟之器，惟以数料拼接，虽繁工费时，亦别无他途。其拼接黏合（或疑两料间连有暗榫），浑然一体，天衣无缝，至今肉眼难辨，技属一绝。

是派雕师高杰，最令人心折。镢镂剔凿，深入木肌，层层邃挖，可数者达十数层次，而意境悠远以至无穷。山水人物树石，交织宏响，栩栩高突，几成纵身欲出之圆雕。又备察些微。寄到之日，以软刷轻掸尘垢。见居易口腔洞深，似有底气自丹田出。无论童叟，双眼内均有小若针尖之瞳珠一粒，须发五官，必奕奕生神。他若松鳞鬣针、琅玕节梢，必曲尽姿态。岩罅岣嵝，则薛萃石茵、阴滋欣荣。夫成一器若此，岂止万刀千刀，而竟奇绝无一俗刀，非胸有大丘壑而可盈缩山川者，断不能办此。友朋辈尝观图狂呼：何等大块文章！

遍览当今世界公私所藏黄杨木雕，论材，论工，雄把首席，不为过誉也。

竞得于英国伦敦伯翰。夜半，电话铃声骤响，正是英伦白昼时刻。披衣起坐，饮冰水激醒心脑，与大洋彼端鏖战二十余回合，终为我所获。

烂柯图牙雕笔筒

高 12.2 厘米

夏日山麓，花木蓊蔚葱茏，清荫怡人。忽见一鹿奔跳前导，顽皮回望，后随总角两童子，手捧锦袱画卷与果品，相顾闲语行来。

松下青石桌，两花甲老者棋枰对坐，欲投子者尚犹豫不决，抢须髯者却意味深长。一樵子从旁观战，腰插柴斧，臂抱挑杆，肚皮半袒，会心开颜，似领悟棋着之妙。（图1、图2）

叠石幽邃处，苔藓萃石花、薜萝拂门环，分明一处神仙洞府。

图写王质烂柯故事，却以耄耋仙人替代童子，令画面更形丰富。据南朝《述异记》："信安郡石室山，晋时王质伐木至，见童子数人棋而歌，质因听之。童子以一物予质，如枣核，质含之而不觉饥。俄顷，童子谓曰：'何不去？'质起视，

图1 牙雕清夏弈棋图笔筒

图2

斧柯尽烂。既归,无复时人。"后人引喻世事变幻、沧海桑田之意。

牙质奶黄润净。属"小松"款,意在寄名晚明朱氏一门。实则何必?此器刻画嬉谐生动、神完气足,若直落自家款识,入后世眼中,不失为古时名家。据纯是明风推断雕手行年,实去朱氏小松三松未远。

筒底阙失。

黄花梨文具匣

长 26.8 厘米，宽 16.3 厘米，高 9.5 厘米

匣长方形，黄花梨制，盛文具——笔墨砚印镇搁之类，故名。据售匣者称，曾是翁同龢家故物。

凭材美先声夺人。六面行山岚、云气、湍流、旭日，酣畅淋漓，倏忽气象万变，更是明王佐《新增格古要论·异木论》所云花梨之"花有鬼面"而"可爱"者。鬼面，又称狸面，木器行中俗称"鬼脸儿"，矜以为贵。匣之竟体光素，仅沿

图1　黄花梨文具匣

图2

图3

上下口边起灯草线，环框天然图画。如此线饰小施，全局立见生动有章法，华纹更觉其瑰丽，幽泽更觉其明动。（图1，图2，图3）

起灯草线，分混面、净面。混面，蒙混也，沿线条刮铲阴陷即可，视之线起，实则仍在同一平面。净面于平面上刨铲其余，仅留一线条凸起，再抛磨圆婉。故净面线真，混面线假，费工更以倍计。

匣之立墙，剔出卧沿如瓮城步道，与匣盖形廓吻扣，摇晃仄斜，匣盖不易滑落。

匣之板块联构，均暗中进行：立墙以闷榫叉咬，匣顶、匣底有暗销勾挂立墙。明清箱匣，多采暴露明榫或角包铜叶制法。此法则难度大增，最能考试匠师手段。制成之匣体，不见榫钉，外观光净匀整，全无措手痕迹，视他法犹胜。

明式家具专家柯惕思曾到访余斋，谓此匣令之心仪。

紫檀嵌银丝镶玉墨床

通长22厘米，宽6厘米，高3.4厘米

海外所获诸品，就庋藏过程言之，煴煨熬煎之久，屡扑屡空之沮，莫逾此器。

先是，初夏某日，往伯德富。事毕，遇其亚洲文物部专家汉利，邀余先观近期罗致之物。殷勤难却，随之入库房。踱步货架间，即见墨床横卧底层，但觉华穆缛丽、品贵凡格。汉利从旁插评："此何物，区区座托，月内可上小拍乃尔。"淡描轻探，似问似答，而鹞隼逼注，审颜究色，令人颊侧为之炙灼。余唯唯，略上手检视即归架上，恐触破机关，价即腾贵也。

念念于兹，魂牵梦萦。小拍预展日，亟往伺察，未见墨床。稍拂意，然亦非出意外。中秋前后之"亚洲装饰艺术品"拍卖会上，必难逃我手。

逾数月后，拍卖图录寄至。页页翻过，依然不见踪影，更担心物主生变。忧焚交攻之下，即拨通伯德富库房主管电话。彼新加坡华人，操国语，告之此器仍在，定于十一月底大拍推出。心卜定，乃自宽解：佳器玩好，有目共睹，依理当上大拍，当上大拍。

拍期渐近，先于网上预展看过，无误。待接正式图录，竟不载图像，仅名之"长方形玉板，可能为玉带板，镶于木质底座上"，足见轻视，且标价极低，不觉喜溢胸臆。往预展，亦不敢凑前亲瞻，巡逡观望而已。

开拍日，早早到场。依惯例，趁展厅内影悄人稀，趋近展柜，做战前最后一瞥。孰料腰未弯已惊雷轰顶：墨床不在矣！眨睛再看，不是梦魇，瘆于梦魇，他物

图 1　紫檀嵌银丝镶玉墨床

图 2

均在，独缺墨床！急抽身向外，向前台查问。金发小姐猜是"放错地方"，遂入内询问。返出，展示通知一纸云：此件及鎏金佛数件撤拍，待明年六月底大拍，再视情势定上下。想余当时表情，呆比木鸡，方符所喻。

铩羽而返，终日怏怏而食不甘味。夫指点迷津事，真买家无故不肯为也。定是那起嘴舌闲杂人等，卖弄博学，以至于此。恨恨，亦无可恨，复归晏然。

丙戌年六月二十一日大拍，墨床再次露面，列3158号拍品，配有大幅图录彩照。解说亦距真相小进一步，称"文房用具，镶明代玉带板于紫檀座上"云云。而突飞猛进者，标价也，业已十倍于前价矣。余悲情举牌，遭遇数路狙击，搏数十番始落槌，正所谓哀兵必胜也。贵，亦无悔，强如空手归。须知"只要东西对，不怕价钱贵"，乃今日古玩界共奉箴言也。

墨床之全称，当作"明紫檀嵌银丝镶玉铊尾墨床"。

唐宋元明之朝服带具，称大带，革制，依品级缀玉、金、犀、银、牙、玳、檀等方形铐板为饰，铊尾乃大带尾端缀板，又名挞尾，其形长方，一端弧圆，形类今日之皮带尾。考《新唐书·车服志》："腰带者，搢垂头于下，名曰铊尾，取顺下之义。"又据宋王得臣《麈史·礼仪》："古以苇为带，反插垂头，至秦乃名腰带，唐高祖令下插垂头，今谓挞尾是也。"明之大带与前朝有别，分胸前、腰后两条，如"( )"状，系扣围身，胸前一条则有铊尾两端，束时垂见于胯后。

墨床所镶玉铊尾，矫若游龙，衔灵芝，张舞云天，四角分雕喜鹊一、双磬一、牡丹二朵，寓喜庆富贵，满衬如意云纹网花，正德嘉靖间物也。（图1）明制：玉带惟帝后、太子、亲王、郡王用之。此龙凤轮四爪，与江西南城县明代益庄王朱厚烨墓出土玉带同，可资参证。

常理，得玉铊尾在先，之后镶制墨床。昔人度材审题，取如意云纹，拓展变形，成几托式床身，复繁衍龙纹，化出蟠螭对嬉，为苍龙教子图。至此，兀自不肯罢休，进求尽善。床身之料，取上佳金星紫檀心尖之肉，为与玉铊尾之喜庆富

图3 墨床雕螭之一

贵相呼应,以乌银丝嵌"卍福不到头"于檀面,密网编织,华灿斐然。全器之构意,精严宏整,似谱交响乐章,虽钧天辉煌,而一音一拍,莫不自小小动机蕃生而来(图2)。

檀雕蟠螭,宽吻噘唇,大眼无辜,状貌奇古。晚明时有僧人石叟,所铸嵌银丝铜炉、文具之蟠螭,视之如出一辙。据之断代,不逾其时。(图3)

原非高深难测物。汉利等何以踌躇再三,终不能尽领名堂?古造巨墨,如明代程、方两家墨或清宫御制朱墨,承以长床,如台北故宫博物院所藏象牙墨床,属宜般配。然传藏无几,民间犹难一见。今坊市间寻常古墨,多为中条细锭;墨床,即镶玉带板者,仍以镶銙——即方形玉带板者居多,故均小巧。此器镶大带玉铊尾,已属稀绝,而平阔恢宏,长达二十二厘米,宽至六厘米,遗世之墨与墨床,罕俦其匹,倘闻识圃不及此,焉能连贯蛙蚪,类推猫虎。

乾隆高丽彩发笺

纵长 56.4 厘米，横长 71.8 厘米

古高丽擅长造纸，唐代贡入我国。宋陈槱撰《负暄野录》下卷记："高丽纸以棉、茧造成，色如白绫，坚韧如帛，用以书写，发墨可爱。此中国所无，亦奇品也。"元明时贡量增多，品种亦渐多。乾隆元年《养心殿造办处收贮清册》之雍正库"旧存"部分，计有"高丽表纹纸一百三十张，高丽蜡花纸二千五十张"；乾隆库"新进"部分，计有"高丽纸九千三百六十张，油高丽纸七十张"；"下存"部分，计有"高丽纸六千二百三十二张，油高丽纸十一张"。①此时内府所用各类高丽纸，实已非高丽贡品，而是内府仿制，沿用其旧名而已。

图1　彩发笺

① 《清宫内务府造办处档案总汇》第七册，第572～648页。

此三枚高丽彩发笺，乃乾隆内府仿高丽纸中发笺之一种，并施以工艺创新。抄捞纸浆前，掺入朱红淡红蓝绿黑各色纤维状物，纸质厚实光洁，直逼玉版笺；无帘纹，盖抄纸帘为细织之布而非竹编也。近世藏画蓄书名家，或用之为卷轴引首尾纸或善本之装潢托衬，如王世襄先生，即喜以其为手抄校本之封面。(图1)

秋潭映月砚

砚长 14.6 厘米

端溪老坑石,随形,色绀紫,抚之如玉。砚面微凹,砚背平坦,曾两面使用,故均砚皱森森,必与墨厮磨数百年方能如此。尝以旧墨试研其上,畅滑如热釜磨蜡。砚上石眼一,卧圆潭旁。砚边留石纹皱痕,墨沈一旦淌溢,可稍缓阻之,以便抹拭。(图1)

图1　秋潭映月砚

端石贵石眼,有眼则质必嫩润,质嫩润则发墨益毫。石眼分死眼与活眼。死眼如绿豆、黄豆,不足道。活眼有鸲鹆、鹩哥、雀儿眼诸品,又讲究位置,高眼最佳,中眼常受墨磨墨浸,不畅赏玩,低眼则如镶宝于足,殊为憾事。此砚之眼,乃活眼中高眼鸲鹆,色分九层,芯点瞳仁而外环睛晕,神采灵动,石眼中极品也。(图2、图3)

圆潭口小而膛深,蓄入清水,似秋水澄澈而深不可测,石眼似定睛凝睇,更似一轮玄月,遂是名。

桦木整抠砚盒,盖里髹乌漆,年久已透显木质纹理。

图2　鸲鹆眼

图3　宋人枯树鸲鹆图

端石雏凤声清砚

长 22.3 厘米，宽 14.8 厘米

一日，霏雨蒙蒙。旧金山某故家子上门持售，购之。

石色铁青泛绿，金碧一线缠绕上端，侧面呈青花苔斑，凭此三品，知是端溪水岩老坑石。

砚作门形，就金碧线俏雕幽篁长枝，自湖石间越水探挑，斜权垂叶围随。老凤一，凤冠宛转，凤眼修丽，羽锦闪动，正偃卧竹枝上，梳理闲姿。竹荫映漪涟，水低石出，雏凤苔欢，踞立石巅，仰颈鸣天。（图1，图2）

图取李义山"雏凤清于老凤声"诗意。明清读书人家，逢弄璋之喜，亲朋或颂此为贺。是此砚为礼砚也。

配紫檀天盖。

图1　雏凤声清砚

图 2

乾隆御铭宫制风字砚

长 11.6 厘米，宽 11 厘米

砚式温厚凝重、圆浑内蓄。端石，石质致密凉润，宛若处子肌肤。

砚侧镌楷：仿宋天成风字砚。铭文亦楷书："大块噫气，其名曰风。天成取象，制此陶泓。绨几批诺纶綍成，君子之德惕予衷，敢曰万方无不从。乾隆御铭。"下列"含辉""会心不远""德充符"三章。（图1、图2、图3）

图1　乾隆御铭风字砚

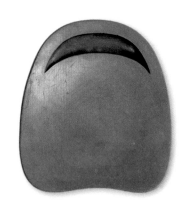

图2

图3 风字砚铭

陶泓，砚之托名。见韩愈《昌黎集·毛颖传》。

绨几，旧传汉刘歆《西京杂记》："汉制，天子玉几，冬则加绨锦其上，谓之绨几。"

纶綍，《礼记·缁衣》："王言如丝，其出如纶；王言如纶，其出如綍。"后以"纶綍"称诏书制令，衍意为国是方略。

石含胭脂晕斑，御铭如浮写天上彩缕云霞中。泓字减末笔，以避乾隆帝讳。故砚承御铭而未必为御用，多作赏赐臣下物也。

著录见《西清砚谱》。谱中图式，描摹而非墨拓，盖存其概略，意在防伪。

内府砚工奏刀之技，须亲睹实物，岂俗目凡眼能猜度之。剜刻之轻重深浅，全随运笔之顿挫勾挑而行，即笔画压叠先后，亦再现入微。最奇处，刀口内极尽光洁，无痕缕之不妥。十余年前，曾得同式一方。真佳石好工，喜得连连自念《石头记》四十九回中袭人姑娘诧异语："这也奇了，还从哪里再好的去呢！"特宝之为真品。待此砚出，华彩射天外之天，为之瞠目咋舌，前砚顿显神猥而形馁。

漆 器

明永乐报恩寺琉璃塔朱漆罩金王母像
明宣德黑漆描金龙纹大捧盒
明剔黑花鸟纹印章盒
"姜千里造"款山阴逐猎图圆漆盒

明永乐报恩寺琉璃塔朱漆罩金王母像

像高 35 厘米

铜胎，通体朱漆罩金，经岁月摩挲，璀璨斑斓，更显峨冠霞帔、华衮璎珞、执笏专恭之尊，眉目慈和、唇绽微笑、容止端庄之祥。（图1）

像下有西人后配底座，上嵌英文铭牌曰：TAKEN FROM THE PORCELAIN TOWER AT NANKIN AT THE SIEGE [OF] THAT PLACE BY THE NAVY [&] ARMY 28TH AUGUST 1842（取自南京瓷塔，于一八四二年八月二十八日海军包围该地之时）。

其时在第一次鸦片战争《中英南京条约》签订之中。所云"南京瓷塔"，即金陵大报恩寺琉璃塔。

是塔于明永乐十年（1412）动工，明宣德三年（1428）建成。五色琉璃塔身，八方九层，高耸云际，刹顶金银宝嵌，飞檐悬挑一百五十二枚风铃，风曳摇响，声闻数里；塔身开一百四十四扇明瓦塔窗，内置长明佛灯，无论风雨，彻夜通明天穹。明张岱《陶庵梦忆》叹之曰："非成祖开国之精神、开国之物力、开国之功令，其胆智才略足以吞吐此塔者，不能成焉。塔上金刚佛像千百亿金身，一金身，琉璃砖十数块凑砌成之，其衣折不爽分，其面目不爽毫，其须眉不爽忽，斗笋合缝，信属鬼工。"（图2）

塔内景象，因常人无故不得入，故明清典籍中不见旧载记述。西文文献中，曾随英使马尔戛尼勋爵于乾隆五十八年（1793）访华之画家威廉·亚历山大（William Alexander）记其所见云："若要登至塔顶，至少须一百九十级楼阶，塔内诸层，初看令人惊异，实则过于繁琐，缺少流丽之致，盖每一面塔壁之窗门之间，皆列小龛，内置无数金色偶像。"又云："出自一种并非不自然之愿望，欲攫取若干样品或纪念品以纪念首次亦可能为最后一次莅临此帝国之古都，遂发生许多剥取、损坏此建筑物外部某些部位及内部大量金佛之事。"

此铜胎髹朱罩金之坐像，当属亚历山大氏所言"无数金色偶像"中之一躯。至于坐像之身份名号，说存歧异。

英伦拍卖行之专家定之为"西王母像"，依据乃当年英军上尉劳合（Granville Gower Loch）所著《对华战争结束事记》一书中之"瓷塔"一章，记一八四二年八月二十八日入塔参观印象："离开不断聚来之大片人群，拴马于敞院中，吾等自塔之正门拾阶而入，来至环塔周回、以坐于浮雕底座上鎏金极侈之佛像精致装饰之八方形回廊中，每一塔层设一神龛，内有宇宙之神——上天女王之坐像。在一处置放主神之壁龛下有一独扇门，通向位于塔尖之方室，其内由另一神像所占据。"[①]因谓劳合氏所记"上天女王之坐像"即是中国人之"西王母"。

外国人不谙中国事，自不足为证。西王母，乃华夏上古神话人物，后归道藏神祇。金陵大报恩寺及琉璃塔乃佛宇浮屠，绝不至混奉道尊于其中。而此坐像执笏，考释梵普天诸相从无执笏者，因此又绝非佛门之造像。初永乐帝诏工部重修金陵大报恩寺并建大琉璃塔，征天下夫役十万众，耗钱粮银二百五十万两、金钱百万，历十九年始竣，是为纪念生父明太祖与生母（后人考为碽妃）。观此坐像凤冠璎珞之宫妆，持秉圭笏之宫仪，莫非永乐帝生母千百化身之一耶？故此文标题以王母像大约名之。

① 见格兰威尔·劳合《对华战争结束事记》（*The Closing Events of the Campaign in China*），伦敦，1843年，第181页。

坐像为英军攫去后十又四年，一八五六年，太平天国天京内讧，为防翼王石达开军居高塔上炮击城内，北王韦昌辉竟下令炸毁之。巍巍四百余年之永乐大琉璃塔，轰然坍颓于一旦。塔之命，真一似我中华运蹇之命，自成自败，自作自受，命该如此，正俗语所谓"活该"是也！而此像西去，反得为大琉璃塔遗珍至今，转厄称庆，亦聊堪自慰云耳。

图1　明金陵大报恩寺塔王母像

图2　明万历刊金陵大报恩寺全图

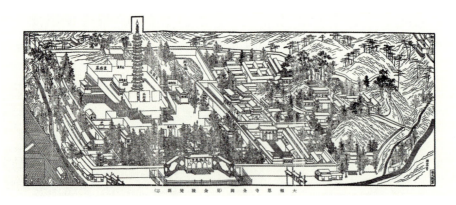

明宣德黑漆描金龙纹大捧盒

直径 33 厘米，通高 17 厘米

平圆顶，直立墙，高圈足，之间接以弧弯，器形雄浑敦重。

髹用退光、出光法，漆色乌玄幽古、润澈透紫，合黑髹"若古器以透明紫色为美，退光欲敦朴古色"之论。①断纹斑驳，有龟背、冰纹、牛毛、手皴诸相，变幻穷奇，非五百年物不能致此。（图1，图2）

图1　明宣德大漆捧盒

① 见明黄成《髹饰录》"质色·黑髹"一节之杨明注语。

图 2

"大明宣德年制"款，书于两处：一在盒盖内平圆边缘，一在盒底近足圈处。蘸金汁书写，笔道微隆坟起；楷法精湛，视之脑目清凉。古瓷家孙瀛洲先生有辨宣德款识歌诀，内中两句云："宣德年款遍器身，晋唐小楷最出群。"漆、瓷两异，然一朝风习熏染，则如春雨遍洒而均沾之。(图3、图4)

捧盒盖上及圈足内，依稀描金龙纹残痕。有明一代之龙纹，以永、宣所绘最为狰狞。历今剥蚀殆尽，只能想象其吞喝云涛、游追火珠之威矣。

图3 捧盒盖内"大明宣德年制"款

图4 捧盒圈足内"大明宣德年制"款

明剔黑花鸟纹印章盒

高 6.7 厘米

明黄大成《髹饰录》:"剔黑者,即雕黑漆也,制比雕红则敦朴古雅。又朱锦者,美甚。朱地、黄地者次之。"

此盒朱地剔黑,花鸟纹仍有永宣遗意,虽拙枝大叶,不甚藏锋,然刀法快利,当为明代中、晚期作品。(图1)

图1 明剔黑花鸟纹盒

"姜千里造"款山阴逐猎图圆漆盒

新千禧辛卯秋，美国芝加哥莱斯利·赫因德曼拍卖行秋季亚洲艺术品拍卖会上，出现一批来源显赫、品质真精之中国古代奁器盒具，均来自美国芝加哥一白人藏家。此君应是怜香惜玉之人，费数十年之功，集品凡四十四枚，年代跨越汉唐宋元明清，质料则金银铜瓷漆俱全，却一色闺阁香脂粉盒。诸品中最精美且具款识者，为晚明清初螺钿加金银片嵌山阴逐猎图黑漆圆盒。考其来源，此盒初见于纽约佳士得2000年秋季中国瓷器工艺品拍卖，列拍品71号，当时为纽约著名古玩商莱利（J.J. Lally）拍得，后归此芝加哥藏家。

圆盒天地盖，子母口，平面，鼓壁，圈足。盖边、子母口边及圈足边，嵌以串菱纹或曲尺纹，以分隔装饰层面。上、下鼓壁各嵌金菱花锦地开光，内以红、绿、青、黄、蓝紫各色闪彩螺钿嵌折枝花卉，银嵌枝茎，金嵌花蕊及兰草。盒盖圆面为主图，嵌山阴逐猎图：悬崖森峭，竹树隐见。猎师二，汉家装束，纵马狂追，一持金弓银弦，箭发弓垂，一握三尖银矛，奋力下刺；前方一狼一豺，亡命窜逸，狼腹中箭仰翻，前腿仍在挣逃，豺小而身捷，赤舌外吐，正惊恐回首。人兽须眉、树石皴渲、衣纹肌理，皆划理勾出；鞍辔袍饰、护袖腰围，或金片，或钿丝；马尾飘风，以螺钿纤条嵌出，飒飒而有笔意；茵藓苔茸、叶簇瓣片，闪烁斑斓，俱以碎璀细沙般点嵌而成。全器于明润黑漆衬映之下，如繁星灿烂，熠熠而生辉。（图1，图2）

图 1 "姜千里造"款螺钿嵌山阴逐猎图圆漆盒

器底以黄金片嵌就"姜千里造"篆章款,贵重逾常器。(图3)

明清螺钿嵌漆巨匠而名千里者凡二:一晚明清初渔洋山人王士禛《池北偶谈》所记之姜氏千里;一雍乾以后诸家如阮葵生《茶余客话》所记之江氏千里。今人所见千里风格传世实物,多属"千里",而姓名俱全之属款器,江氏千里者仅见水松石山房莫士拨(Hugh Moss)所藏"江千里制"款漆盘,而姜氏千里者仅见本文所述"姜千里造"圆盒。今之海内外治中国工艺史者多以"姜千里"为士禛误记,而以江氏为千里真姓。殆此圆盒复现于世,余为此特撰《千里姓氏考》等论文三篇,冀图考其究竟。读者可参阅本书"考辨"一章。

图2

图3 "姜千里造"款

家 具

都承盘

花梨坐墩

紫檀直棂式坐墩

黄花梨提盒

黄花梨点苍山石插屏

黄花梨云螭纹圈椅

黄花梨炕桌

乾隆宫制紫檀炕几

都承盘

承放文房器物之盘,肇始甚古。宋代林洪著《文房图赞》,择选文具凡十八种,依唐代十八学士及韩愈以毛颖、陈玄名笔墨之例,各命以名号,授以官职,绘图状之并配以辞赞。而盘居其一,自此得姓曰盘,名藏,字利用,号通悟先生,官居都承旨,故称盘都承——《宋史·职官志》:枢密院总理全国军务,其下设都承旨,职在"承宣

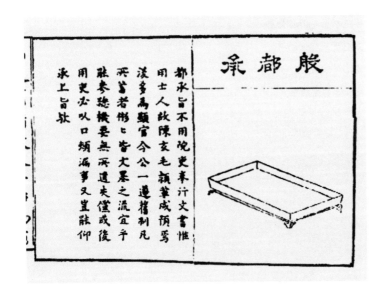

图1 宋《文房图赞》中"盘都承"

图 2

旨命,通领院务"——后人沿称,遂衍为"都承盘""都盛盘""都珍盘"云云。其形制亦演化增繁,如盘层叠摞、加置抽屉、环以围栏。王世襄先生《明式家具研究》"都承盘"条云:"这是一种用以置放文具、文玩的案头小型家具。从传世实物来看,清代比明代更为流行,样式颇多,有的高低分层,制作繁琐。"(图1)

此器属清代中期物,老红木制,黄铜包角及贝叶吊牌,腹腔暗藏机关,中间两具抽屉,不设拉手,向内轻推一具,另具为开。全器熟润,造型素雅利落,做工整洁,契合法度,用而赏之,弥觉韵味醇永。(图2)

独特之处,在其后背立墙高出多许,除都承文具之外,更添架书阅读之功用。

此类带抽屉都承盘,属明清文房常用器具,本应多有传世。实则不然,历年来所寓目者,仅此一器。

得自美国 James D. Julia 拍卖行。

花梨坐墩

高 46.8 厘米

坐墩如此式，真品并不多见，因属晚清风格，向不为藏家所重，复因大量新仿，名声败坏，但有真品出，反遭人视而不见。

瘿木面芯，余皆用料花梨，肥厚整洁，圆角倒棱，如块块润玉攒接。通体光素，惟沿构件边际交圈起线，五块膛肚牙板及如意提子腿足之上，各有一扁长形开光，术语称"炮仗筒"，亦循形起线，并非起习见之灯草线，而似鱼唇锼去半洼、撅翘外翻，十分奇异，非特制刃具不能办。（图1、图2）

图1 花梨坐墩

图2

紫檀直棂式坐墩

高46厘米

墩面圆框六接，芯板两拼；天地出弦纹，饱满醒目；起鼓钉，腴润如围棋黑子；上下内外，彻用上好紫檀，乌莹光滑如美玉。（图1、图2）

王世襄先生《明式家具研究》所举一例，清早期制品，与此坐墩之用料与造型结构类同，尺寸亦相仿佛，为传世仅见之两器，由此可断为同代。惟其直棂之断面如U形，外两角方而内两角抛圆，而此墩之直棂之断面，则四角均扁方带圆。

柯惕思先生尝造访余斋，观此坐墩，以为清中期物，未详所据。

图1 紫檀直棂坐墩

图2

黄花梨提盒

乙未年春，游欧至巴黎。午后漫步街区，见一大理石建筑，金碧辉煌、廊柱高窗，乃建于十九世纪之巴黎喜歌剧院，遂退至小广场对面以观瞻全貌。忽见背后小楼房法式格窗内绰绰然有中国瓷器身影，读门楣刻字，竟是一小拍卖行。入其内，工作人员正忙碌，经交谈，知其亦有中国器物拍卖，并嘱随时上网关注。

归家后月余，果于该行拍得此提盒。

提盒满彻黄花梨器，两撞，盒盖下设平盘，盒之口沿皆起灯草线，两侧瓶式站牙夹提梁，底座槽两穿带，为明代苏式黄花梨提盒常见做法，构件转角处以闷榫交接而不用金属叶片加固，手感温滑。

欧洲各国小拍卖行之中国文物，精品虽罕见，假货却不多，尚属偏安一隅，暂保净土。视今日美国中、小拍卖行之赝仿泛滥肆虐，则已是全面沦陷矣。（图1）

图1　明黄花梨提盒

黄花梨点苍山石插屏

通高53厘米，宽45厘米，侧宽23厘米

纽约亚洲艺术周行近尾声，余飞返旧金山。途冲气流，机身浮动颠簸，急以手触脚边行囊，知所携物品无恙，乃安。蒙眬欲睡间，念及此行，前缘后果，犹觉一梦中。

两月前，旧金山举行太平洋亚洲艺术展销会。三日间数次往观，珍奇纷呈，眼花缭乱，然未遇钟情之物。

某日整理参展商广告及展销目录，一幅云石插屏图片，蓦然跃入眼帘。打量其通身气派，夹抱站牙之鼓墩圆轮，壶门券口之披水牙子，透挖鱼门洞之绦环板及木质色泽，纯是明黄花梨器。（图1）惟披身满嵌螺钿，似稍染清风。经反复审视其镶嵌图案，正面蟠螭戏芝，侧面饕餮纹，两圆轮分嵌凤戏螭与龙戏螭。嵌料有黄、褐、红及墨绿数种，不辨其属。黄为主料，应是螺钿类，却不见红绿光泽。蟠螭欢悦，两两相向，直以自由泳姿挥臂畅游，奔逐灵芝，相颇奇特，仿佛何处见过，一时难踪其穴。螭之目睛，俏丽如猫狸，双趾出钩尖，颇似明《十竹斋笺谱·文佩》及明程君房五螭墨图案。（图2）笼统观之，初归明嵌。

自图片下信息得知，展商来自比利时布鲁塞尔，专营中国及南亚古董。彼名此插屏曰"梦之石"，定为十八世纪清代物，黄花梨制座架，糅杂少量花梨木。余度其必谬。是屏气韵匀畅，各部位手法通贯，不似后经修配者。明代之花梨，即是今称之黄花梨，并无另种。清中期以降，新花梨始出，赤浊黄淡、纹理糙疏。试问既

图 1 黄花梨插屏

图 2 明程君房五螭墨正反面

不曾修配，焉能明用清材？夫观木器法，营营拘泥于片板块料之木纹棕眼，嗅气味、较颜色，皆不得要领。观器之神，知材之属，如此而已。更可论者，明至清初家具，背侧底板、屉板、穿带或用他料；再者，面芯与雕板，为得色调对比之美，或用他料。此插屏并无上述部件，平白无端而令诸料杂处之器，余未曾见过。想此等有悖规矩、遭贬同行之事，古匠师断不肯为也。非不能为，不齿为也。

展销会闭幕已月旬，仍致电寻查插屏下落，不过有为聊胜无为耳。不期数日后，竟得佩奥拉女士自比利时回信：插屏之年代及质料，均经博览会文物专家委员会审定，现仍待售，正运往纽约途中，以参加月底之国际亚洲艺术博览会。余即订机票、旅馆，约之会面纽约。

开幕日，径入往寻佩奥拉展台。相距数十步，遥见插屏静立长案上。扑前，俯仰观察。果如所料，大明黄花梨点苍云石小座插屏一具也。王世襄先生尝论明代家具之美曰："简已简至无可简，繁偏繁到不能繁。"插屏乃其繁者。所嵌龙凤蟠螭，活灵活现。（图3）小螭犹淘憨可喜，两角初出，爪翼未丰，稚气未脱，双睛圆睁若

图3　插屏侧面

图4　日月轮上大、小螭纹

图 5 插屏背面

熠熠有光芒。龙父绕其婉尾于爪趾间,嬉游于天。彼亦唇瓣微抿、张臂弓背,努力摹习父姿。(图4)插屏之背面,亦嵌云纹八宝生辉。(图5)整体保存甚佳,仅嵌片脱落一二,端是使人倾家荡产亦在所不惜之物也。及议价,佩奥拉报价登天,余还价入地,最终握手言欢于人间。

明代插座式屏风传世甚少。曾就此屏之来历,信询佩奥拉。回称购自布鲁塞尔,售家并非彼国皇族贵戚,然其曾祖辈中有工程师,尝于清末往中国助修铁路,或由此带回云云。闻言后怕。设若滞留中国,经此天灾人祸频仍之百年,凶多吉少,可想而知。纵使历劫不死,观今日国内之文物狂潮,但有精绝玩好出,无异一脔抛掷万虎中,岂余之力可得乎哉。又,此屏露相于国际展销会上,等于公诸光天化日之下。轮转周遭,和璧楚廷之泣,竟终得识于余。自此每出而赏谛,莫不感戴苍冥。

加州中国古典家具博物馆曾藏黄花梨雕龙纹官皮箱一具,王世襄先生撰文介绍,称其"底座上双螭尤圆熟可爱"[①]。此处即当时恍惚谋面者,其双螭与插屏正面所嵌螭纹,几神出一手。王先生取故宫博物院所藏"大明万历乙未年制"款剔红双龙纹方盘,与该官皮箱之龙纹比照,因定之为万历时物。如此,据其螭纹而顺势定插屏亦为万历时物,较博览会专家断代提前二百年,当无大误。再检万历官窑青

① 参见王世襄《美国加州中国古典家具博物馆》第 11 节。

花瓷上发鬣前冲之龙纹,愈信所据不虚。

插屏之石乃云南大理点苍山石,古来闻名。明季大事开采,制成屏画文具,犹适文人雅意。明杨慎《升庵集》中嘉靖三年《题梁生霄正苍山奇石屏歌》有句曰:"犹如黄鹤楼前晴川芳草景历历,又若滕王阁上长天秋水烟蒙蒙。"徐霞客游滇,见大理崇圣寺石屏,亦叹其"危峰断壑,飞瀑随云,云崖映水,层叠远近,笔笔灵异,云皆能活,水若有声,不特五色灿然而已。故知造物之愈出愈奇,从此丹青一家皆俗笔,而画苑可废矣"。

移升、霞佳句予插屏石图,不亦贴切乎!

点苍山石,苍翠泛绿者称春花,黄赭烟褐者称秋花。插屏之石,应品列秋花。其石貌也沧桑,磨工也古拙,边缘经手泽沁润,已如脂似蜡、酥光熟透,非数百年物不能致。插屏之左右立柱内侧,开槽沟以纳石板,曲背吻合,旧痕陈垢亦随形相符,是原石原座、量体剔凿者也。

凡所嵌料,大抵饕餮眼用犀角,口唇用珊瑚,灵芝用沉香,八宝用染虬,龙凤螭云用螺钿类。然绝不类寻常广式家具所嵌螺钿,壳薄且蝇翅虹彩流溢。其料,色莹黄,质肥腴,就剥落处看嵌片,达两枚铜钿之厚度。翻移侧视斜睨,方隐见深处微映绿蓝橙光,当为硬嵌砗磲。

砗磲,古时七宝之一。《妙法华莲经——普门品》说:"为求金银、琉璃、车渠、玛瑙、珊瑚、琥珀、真珠诸宝入于大海。"元代熊忠《古今韵会举要》谓砗磲名始于东汉,以其背上垄纹如车轮所碾渠沟之故。现代生物科学则释为世界最大之双壳瓣鳃类软体动物,生于南洋热带海中,巨者径逾两米,重达千斤,命长可臻米茶之寿。以螺钿嵌物,其法甚古。西周见用,唐代渐兴,经宋元至明清,工艺愈精而百艺器具无所不嵌。砗磲是否随之同兴并行,及何时始施及家具之上,囿于学识,不敢篡创。可确信者,至晚在明代已用于家具装饰。王世襄先生《明式家具研究》中即有"明及清前期嵌螺钿有壳色白中泛黄者,人称'砗磲嵌',更为名贵"之论。惟明代家具传世既少,插屏更少,镶嵌者更是闻所未闻,矧言砗磲嵌者。插屏或为惟一存世孤例。

明万历刊本《鲁班经匠家镜》"家具部"第一条，即为屏风式。原文有句曰："**雕日月掩象鼻格奖腿**。"十余年前读此，雾水茫然。王世襄先生《鲁班经匠家镜家具条款初释》以"掩"为"卷"之误，"奖"为"桨"之误，因释为"桨腿上有圆形和卷转的花纹雕饰"。得插屏后，比对再读，始悟该句原文，"奖"当为"桨"，而"掩"字，实无误。

桨腿，即船桨形站牙，侧看其状，确如象首长鼻。日月，应指底座两边一前一后夹掩象鼻格桨腿之圆轮，又称鼓墩，而非桨腿上之圆形雕饰。是法甚古，肇纪难考。据宋人摹五代顾闳中《韩熙载夜宴图》所绘屏风，至迟于五代时已见用。观所获插屏，圆轮之上，一嵌龙戏幼螭，一嵌凤戏婴螭，龙为雄为阳，凤为雌为阴，日为阳，月为阴，其意甚明。吾友史致广所藏明铁梨木小座插屏，其左侧前轮上有牙嵌兔形一枚，当时不甚了了，今可试解之：兔之轮为月，另轮（或嵌乌形，俟考）为日，古称日月为金乌玉兔，恰与之合。余屏与史屏之圆轮下之托，虽未雕刻云纹，然其状翻曲做云形。故宫博物院藏黄花梨大插屏一具及王世襄先生旧藏黄花梨小插屏一具，其圆轮下则均承以卷云纹，前者为浮雕，后者为阴刻，直示日月祥云之意，可佐旁证。故《鲁班经·屏风式》原文应释之为："雕出日轮与月轮，掩夹象鼻式桨腿形站牙。"或有不妥，想先生当不以晚辈后学为忤。

插屏之正面两横梁与立柱接榫处，销竹制关门钉四枚。（图6）此法明代匠师偶尔施行，施则必存良苦用心，断非蛇足之笔。屏石厚重，全仗横梁与立柱承托钳辖，而立柱外侧须挖槽嵌镶，故横梁不能露榫于立柱外并钉破头楔以涨严之，惟销钉于接榫处，方能使之牵握牢固。小小四枚竹钉，不独证石屏乃原装原配，是老北京匠师所谓"原来头"者，诚赖之固体强肢，令底座承重数百年之久，犹坚稳如初，至今无须打开修换。叹古人治器，常思工料俱精，足宜传诸百代；看今日造货，但求多快而省，差可对付几年。

末两句写毕，无意中配成一联。对仗有欠工稳，以博一粲则小有余。乘兴再念顺口溜数段，附录于后。

咏石屏

明万历黄花梨点苍山石小座插屏入藏吾斋，欢喜无状，叠六韵以志。

升庵石屏歌杳然，忽惊天物现人间。
即从西岸飞东岸，挥金换宝笑逐颜。

大明屏风传世稀，硬嵌砗磲更称奇。
别红青花与雕箱，助我断代在万历。

异宝砗磲久闻名，每读史录疑重重。
多见螺钿陆离彩，今始缘幸睹真容。

碧海深处璀璨生，巨如车轮质坚莹。
影荫平视黄粟玉，映光乃泛绿蓝橙。

砗磲犀角沉香珊，蟠螭戏芝龙凤翩。
花榈朗润幽明动，苍山云石涌大川。

雕日月掩象鼻格，鲁班匠镜有此说。
四百年物今归余，端赖天佑呵护多。

图6 关门钉特写

谛观既久，兀生好事者心。屏座背后嵌八宝生辉图案，不妨当作另一"看面"。试之，石屏颠倒上下，翻转反正，均可滑插入槽。如此，每一插摆，得上下两式，每一式又得正反两图；原仅一屏，遂衍成四品。姑不避巧立名目之嫌，题为四品：曰雾峦，曰雨峰，曰云岭，曰雪壑。轮值当令，一季一换。

黄花梨云螭纹圈椅

高 98 厘米，座面长 67.5 厘米，宽 49.5 厘米

四腿三弯，站相似哈巴儿狗，乖驯可爱。四面均为看面，除大边抹头座面外，或圆雕，或浮雕，或两面透雕，遍体雕镂流云与螭纹，并于靠背上衍出六螭献寿纹样，在仿剔红漆器意趣。构思大胆，格调颖异，明代风韵浓郁，不能晚于清前期。

图 1　黄花梨圈椅

(图1,图2,图3)

　　初次落座椅中,即诧异其附身随柔之感:手臂、颈背、臀股,无一处不搭扶舒泰、仰承宽柔,令人魂飨体酥,久久不愿起去。古制坐具,尤其明清前期圈椅,比例损益,总以肢体舒适为准绳,不似现代之办公椅子大沙发,令人腰酸背痛脖子僵,越坐越累。

　　足下原有托泥,已佚。

　　圈椅首现拍场,起价极低,竞价攀高至令人头晕目眩。遂罢手长叹,终是心中一痛。

图2　透雕靠背板

图3

黄花梨炕桌

长84.5厘米，宽52.7厘米，高27.3厘米

面芯两拼，纹理烟云浓淡、雾岚弥漫，下托铁梨木穿带。冰盘沿，束腰，大边与抹头起拦水线，以防汤水流污。（图1）

四面牙条做壶门券口，沿边际起肥满灯草线，分心处卷草纹交搭，铲地起龙纹，剜刻有力，走刀爽利。雕长幼蟠螭各两对。长之容，豪悍凶猛，（图2）幼之相，顽皮天

图1 黄花梨炕桌

图 2 炕桌长牙条蟠螭纹

图 3 炕桌短牙条幼蟠螭特写

真，寓苍龙教子之意。（图3）

  腿足三弯，足端外拱再内卷成云头。观龙腰眼处浮雕秋叶状云纹及尾端衍出卷叶云纹，成器年代，当在晚明。

  抚之竟体温润，莹熟如蜡。置诸罗汉床上，倚之品茗读书，颇惬人意。

  得之于伯翰·伯德富。

乾隆宫制紫檀炕几

长85厘米，宽31.5厘米，高29.5厘米

　　美国巨富遗孀卡利斯，雅好艺术，广有收藏，犹酷爱中国文物，二十世纪初，数次造访中国。辞世多年之后，其旧金山豪宅遗产经伯翰·伯德富陆续拍出，惊爆国际古玩界。创中国古瓷天价之明洪武釉里红大盘，即充任其家摆果切蟹之盘近百年。翌年春天，又有零星家具上拍，已属余波尾声，不入流之物，估价不高。

　　余去预展，见杂什充斥，无一物可取。前厅一隅，陈列卡氏旧用家具一组，共两件，图录称之为"红木床及杂木脚踏"。(图1)床为架子床，用料整洁，工艺考究。花罩挂檐正面，满雕郭子仪祝寿、五子登科、连升三级吉祥图案。藤皮细丝软屉，四具抽屉镶大蝴蝶錾花白铜活。惜晚清制品，年代欠老。脚踏，卧伏床下阴暗处，不曾留意。

　　拍卖当天，本不欲往。复忖清闲半日，盍往会会同行，一聊近闻？既至，于前厅与美籍华裔新加坡人俊德相值。且行且议，逛至架子床前，俊德以手推撼，称正好午休小憩。余试坐藤屉上，无意中触碰床下脚踏，遂拉出一看。先是一怔，拭目再看：紫檀器一具，赫然横陈面前。(图2)

　　其高度，几与床持平，是炕几，又称板足几，而非脚踏。几侧之板足，透雕洛可可风格西番莲团花纹，大如兽面。(图3)角牙四只，延伸题旨，透雕西番莲幼花嫩梗。(图4)满目花团锦簇，叶繁枝绕，华贵典雅。刀法纯青，刬挖飒爽无滞迹，不啻施刀于紫膏冻脂上。

图 1 拍卖图录上"红木床及杂木脚踏"图片

图 2　清乾隆紫檀炕几

俊德凑近云：雕花与圆明园残雕相仿佛。余窃窃自语：何必圆明水法，莫如直言清宫造办。周围来往众人，正喧杂纷攘，俊德亦旁视他顾，似未洞悉奥秘。床大且笨重，与现代生活枘凿难容，愿问津者能有几人！此时拍战打响，余徐出，至前台办号牌，决意席卷床与几。祷天自祝，暗喜此役之胜券已稳操掌中矣。

报价声起，余镇定自若，率先举牌。许久，前排始有人竞价。乃一黑人，白发，瘦高而驼，羞涩温和，衣衫零落若噤噤寒士。初颇不以为意，讵料几经回合，彼顽强抗争，竟有愈战愈勇之势，如水面之葫芦瓢，记记加力击打，下沉片刻，旋即上浮如故。交睫转瞬，价已逼近三万，全场为之瞠目屏息。余心中亦深为纳罕："这黑哥们儿早上吃什么了！"美国之影视圈、体育界、生意场，处处可见黑人兄弟健俊踢腾之身姿，然若论国际间大大小小之亚洲且中国，而又古董拍卖会上，则从未见彼辈露面。彼于其同胞中，必属一异类无疑。莫非卖家派遣之托手？然谅其烜赫华族，何至行此宵小把戏。若派，亦断不至派来如此一位。然清平世界，朗朗乾坤,岂有不容他人竞买之理!是恚亦奈何。拍卖师频频向余含笑轻问。挣扎再举,彼亦再举。俊德等于一旁连呼"太贵",只得悻悻作罢,目送彼起身,夹牌,微笑,款款步出。俄而,余亦卷旗曳戈,垂首颓沓随其后。心绪难平,于前厅徘徊不忍即去。

趁彼于付款窗口排队,余趋前诘究底里,语甚哀怨。彼称日前道经此处,腹急,入内,欲假洗手间一用。不意得遇大床,方知人世间居然有此曼妙物,爱不能释,简直"没它不能活",遂有今日之举。闻其言,忽触碰灵窍:爱床既已如愿,脚踏或肯另售?彼拎起略端详,置之地,问价若何。此藏家最棘手之事。价菲,嗤之不买;价昂,又难免狐疑蛇惊。余战栗掂掇,持平出价,彼竟欣然颔首。签写支票间,俊德引港台众君蜂拥而至,绕床掀几,议论汹汹。余恐人多口杂,节外生枝,急付讫,挈几快步离去。驾车已过海湾大桥,尚觉心兔怦怦。

归来品度其质,沉穆静蕴,尊贵雍容,法度谨严,料美工绝。大边与腿足交圈处,并不图省料而贴加牙嘴,乃一木锼出倭角相衔;面芯下两条穿带,亦用整洁紫檀料,真乾隆宫制彻紫檀器也。

分明行中语称"开门见山"之奇珍,偏偏打入杂木行次,一大奇怪也。炕几大边之一,采料近边材,紫褐中腾卷金黄褐斑纹,侧面微呈黄杨意。人或由是心目惑乱,也未可知。

常人看紫檀,顾名思义,但求一紫。甚者乃至刮粉末浸酒中,以察其色变。殊不知新老红木、花梨酸枝之属,深者亦肝紫,入酒皆浓艳。古之紫檀,匪独一品。凝紫黝黑者,暗褐如铁者,隐现金斑黑纹者,微泛褐绿黄者,均有之。若经年日晒水浸霉蚀,常蒙蒙灰白。且芯材、边材大异,纵剖、横截、斜片、圆抛,纹理色泽多有不同。紫檀贵重难求,不比常材。匠师惜料如金,贴足补角、细料接拼尚在所难免,稍连膘皮之料,亦得用则用,尝于朱家溍先生家,见其座下乾隆紫檀大椅,即有灰绿膘皮一块伏赭紫中,何况近边材而色稍淡之料,孰可求全挑剔。

紫檀品色诸多,惟一端乃一以贯之,为他木所无,即吾友田家青所论紫檀独有之"高贵气质"。观此檀几，心是其言。

嗣后再见俊德，彼几番提起，犹耿耿不能去怀。

又记：近将檀几图片传寄家青，即蒙见告：乾隆间，清宫造办处精制紫檀器，凡西洋纹饰，俱由郎世宁、王致诚等西洋画师出纹样，制成后多陈设圆明园中。园毁，流失四出。故海内外散见之清宫紫檀家具，西洋纹饰者居多。檀几其一也。

再记：新千禧辛卯年，家青所著《清代家具》再出修订本，此几侧浮雕大团花西番莲图片得以补入。①

图3　紫檀炕几团花纹

图4　角牙

① 田家青《清代家具》修订本，第332页。

诸 艺

鼻烟壶

清宫紫檀御题诗残件

嵌石彩绘巫山云雨图案屏

黄花梨百宝嵌"夔龙献寿"对盘

"古燕赵子玉造"蟋蟀罐

鼻烟壶

料胎珐琅彩春华秋叶图鼻烟壶

高 6.2 厘米

一面绘丛竹垂散,一枝碧桃,欹屴斜出,上立锦雉一羽,值艳阳暖春,粉瓣花盛。空中一只黑黄斑蝶,亦翩翩然寻向香蕊。另面写暮秋小景,黄菊尚开,红叶已凋,两只寒鸦,啼枝秋风。(图1、图2)

翡翠壶盖。壶之底足砣平,以胭脂水釉题"宜人"隶书款,或寓"春华秋叶总宜人"之意。属古月轩制壶。

图1 春华秋叶图鼻烟壶
图2

图3 松藤蜂猿图鼻烟壶　　　　　　　　图4

料胎珐琅彩松藤蜂猿图鼻烟壶

高 5.4 厘米

　　山间枫红栌黄，筠针苍翠，紫藤纷披。两猿猴蹲坐皱鳞松干之上，喁喁对语。稍高处，一幼猿攀挂松枝，低项耸背，遮眉瞭望，状煞可爱，却不知野蜂已近。（图3、图4）

　　图之寓意，乃连中三元与封侯。

　　古月轩鼻烟壶画之无上极致。放大成图，乃一纵情巨制，盈壶手中，立成精美小品。凡识画者观赏，无不连称奇绝，余则非高呼"过瘾"不足以尽兴。

　　壶底平足，画夔龙图记款，极罕见。图记或藏定制者姓名。

　　银鎏金镶碧玺壶盖。

"古月轩"款料胎珐琅彩秋菊锦雉图鼻烟壶

高 5.6 厘米

初见此壶,曾刹那间疑惑,不辨其为料胎,为玉胎,抑或为冻乳凝脂?

壶体珐琅彩绘,极清丽淡雅:长尾雄锦鸡,爪揿青石,扬首回望处,可见海棠嫣红,正花发烂漫;转换景移,一雌锦鸡似抑身欲跃,其定睛所向,乃苇丛中悄微动静。(图5,图6)

画面为绕壶通景,然依壶体而自然分成相对独立之两段,其间以矮石菊花、低弯芦苇为过渡衔接,于不经意中可见意匠经营苦心。而写画皴点,兼工带写,洒脱爽利,纯是扬州画风。

铜鎏金镶珊瑚壶盖。

壶之底足砣平,具"古月轩"朱黄篆款,摩挲年深,仅隐约可见。

图5 秋菊锦雉图鼻烟壶　　　　图6

掐丝珐琅鹿鹤同春图鼻烟壶

高 6.8 厘米

红日中升，天地春色，山野林溪，鹿鸣鹤欢。（图7，图8，图9）

拙著《沧海遗珠——掐丝珐琅鼻烟壶研究》出版后仅半年，购得此壶，釉色绮妍，丝艺旖旎，为历年所见乾隆掐丝珐琅鼻烟壶之最，未能收入书中，颇以为憾。

铜胎鎏金。"乾隆年制"楷款。

图7　掐丝珐琅鹿鹤同春图鼻烟壶　　图8

图9

清宫紫檀御题诗残件

通高 12.3 厘米

图1 紫檀御题诗残件

紫檀制,两端出榫头,隶书刻"丙午御题"诗:

狮林一水隔山馆,好趁几余试憩游。
朴室芸斋信娱意,祖恩孙受忆从头。
少常亹亹期无忝,老益孜孜恐遗羞。
冀更十年归政后,于斯舒志享清酬。

钤"古香"小方章。(图1)

初见之于北京中式家具厂杨子穆师傅工具箱内,时在二十世纪八十年代末,以廉值购归。

乾隆时物也。有清一代诸帝,在位而内禅归政者,惟乾隆帝。乙巳年即乾隆五十年,距归政之乾隆六十年,恰十年。乾隆帝为皇子时,居紫禁城中重华宫,内有古香斋，因有闲章曰"古香"。

而其功用何在？曾携之遍示海王村古玩业者，或云鞭柄，或云刀握。若问何必御题诗文？众皆茫然。后断定为抓笔之中段，两端榫头正为插套笔端与笔斗。笔乃文具，刻诗其上，不忤情理。请教王世襄先生，亦以为然，遂建议配制象牙光素笔端笔斗以成全之，因象牙日久莹润泛黄，可与紫檀古色相般配，并介绍玩鹰老友常荣启先生代为联系牙雕匠师。余却俗趣未泯，贪求华丽贵重，最终自量尺寸，自绘纹图，倩北京玉器厂定制。其间种种周折烦恼，拙作《静窗手稿》中别有叙述。

然总有惑问志忑心底：所见明清宫制抓笔，或漆木牙瓷，均一体连作，形制墩短，作书时笔端抵掌心、五指拢笔斗，颇惬挥洒，全不似身长若此，五指仅抓及笔腰，不便书写。此残件真乃抓笔杆邪？

此后客居海外，此物亦相随，置案头为清玩。一日，随手闲阅故宫博物院所刊器物图录，[①]见三希堂内陈设乾隆御用紫檀嵌玉冠架，鼓式座，委角起线开光内银嵌御题诗，座面竖承紫檀独梃两节，中以玉套扣相衔插，上挑玉冠伞。其紫檀独梃之上节，形状与紫檀残件绝相类，亦题御诗，隶书银嵌，属小印二，"古香"其一。大喜，始悟，而诗叙归政之志而题刻冠架之上，实暗寓挂冠去位之意。（图2）

此物居余斋最久。待真相大白，上距携归之日，已忽忽二十余载矣。

① 参见《故宫雕刻珍萃》，第123页。　　图2　故宫藏紫檀嵌玉冠架

嵌石彩绘巫山云雨图案屏

框高 24.5 厘米，框宽 19.5 厘米

伦敦古玩富商斯皮尔曼，人高马大，红光满面，性狡黠，善幽默。祖上四代经营东方古物，所藏明初鎏金铜佛金刚造像，居世界私家藏品之冠，其中"大明永乐年施"缠枝宝相火焰背光坐佛一尊，年前由香港苏富比以上亿港元拍出。见面握手，亮灯让座，出一件于描金龙纹大柜暗仓中，诡称乃秘不示人之书一部，并嘱余"认真学习一番"。见余翻阅来回，意久不决，忽笑望壁上钟宣布："报告你一个好消息！这书比刚才又古老了三十分钟。"噱笑间稍抑其价而定交易。归后，方觉其索价"真够黑的"。

淡青织花锦缎封面，题《巫山云雨图》。翻开，乃各色寿山石拼镶图画。明图六幅，镶六框中，每框上楣活做，插藏暗图六幅，共计十二幅。六框间以丝绳代合页，首尾相连，只宜曲折立摆如锯齿，不便翻阅。故虽尺寸大小如书页，实为案头小围屏而非书也。

观其人物布置，明图乃《西厢记》故事。"游寺惊艳""道场邂逅""君瑞退贼""吟诗酬简""赴约赖简""夫人拷红"，一折一图。秘图六幅，则窥写张生莺莺佳期种种，或庭院亭堂，或石畔茵荫，颠鸾倒凤、恣肆欢爱之态。明清之拔步床、架子床，四面垂帐幕，宽阔如小室，可容几架。设此类小围屏于炕几案头，昼则西厢会真，夜阑灯珊，抽秘图出，则风月销魂，助夫妇房帏之乐。（图1，图2，图3，图4）

图 1 道场邂逅

图 2 赴约赖简

图 3 秘图五

图 4 秘图六

图5 清雍乾寿山石雕"麻姑乘槎"

明清春宫图册，手绘者多，拼镶者稀见。凡历年寓目者，以此件最精。其拼镶之工，极纤毫入微之能事。寿山白芙蓉石做人身，肤白脂腻，丹青描点墨髻、眉睛、樱唇。衣裙袍服，施彩后再镂花绘金。亭阁栏窗、假山湖石、松蕉竹卉、屏架椅墩、盒炉瓶供、锦函文具、悬幅扇画、彩幔裪衬，一一依式配色雕镂拼出。仿石犹见精彩，洇染墨云晕山仿大理石花纹，叠岩怪石，则崚嶒绚烂、嶙峋皱瘦，棱薄如刃，似利能割手。"夫人拷红"一图，中置苍山云石平头案一具。磨石细如曲钩，染黄并滴浸泪斑，以仿湘妃竹案架，架之两侧镶菱瓣海棠开光。图上一案盈寸，然所费之工，可造一真湘竹案矣。它如灼灼桃花、翩翩蝶燕之类，均借助画笔，勾画伶俐飞动。庭草畦花亦措意经心。苔淡之上点绿，绿之上洒碧，碧之上着蕊红，一层层由远而近。雍乾两朝之工艺，怎一个"细"字了得！

　　仅凭其细，足以断代。若更推求，康熙仕女，多抚晚明陈老莲稿，乌绾高髻、鸭蛋脸儿、淡挑蛾眉。此屏之莺莺红娘，小小口儿俏俏儿鼻，烟视媚行，已是雍乾娟丽袅婷风格。求证于雍乾后妃图及两朝瓷绘及雕像可知矣。（图5）

　　若云当归入扫黄一流，实不敢奉其教也。夫男女两情相悦，即是天赐爱权。何须行政批准？以"文革"十年之霜雪严酷，悖逆人常，真亘古所未有也，尚仅能戕之苗秀而不能除之根，外禁于视听而不能内灭于心。究其源本，"食色，性也"。

黄花梨百宝嵌"夔龙献寿"对盘

直径 12.5 厘米

购自德国纳高。

图录所示影像，仅邮票大小。不明年代，不识质料，但云"硬木盘一对，中国"。当即寄表参拍。友朋恐余孟浪，谓"手摸眼看，还有打眼的时候，甭说隔山买老牛了"。余一笑，盖心知其真，明代嘉、万间物也，非黄即紫。鄙眼力何足矜夸，但知凡真佳之器，虽韬光晦影，芳容消损，蜗身图片中，仍兀自有一种风韵神采熠熠生辉。比之绝代美妇人，酷类周介存论飞卿端己后主词之旨：浓妆佳，淡妆亦佳，粗服乱头，不掩国色。

寄到之日，忐忑启盒视之，大喜，验是余言。巧合者，竟又是砗磲镶嵌。嵌料共数种之多，可称百宝嵌。清钱泳《履园丛话》述其法尤详："以金、银、宝石、真珠、珊瑚、碧玉、翡翠、水晶、玛瑙、玳瑁、车渠、青金、绿松、螺钿、象牙、蜜蜡、沉香为之，雕成山水、人物、楼台、花卉、翎毛，嵌于檀、梨、漆器之上。大而屏、桌、椅、窗、书架，小则笔床、茶具、砚匣、书箱，五色陆离，难以形容，真古来未有之奇玩也。"

对盘黄花梨制，料取芯材，乌红浓紫。器形撇口折腰，浅平卧圈足，尚存成化器遗韵。盘心以砗磲嵌寿字，纯是明人书风，环以夔舞芝繁，是夔龙芝寿图也。雄夔健硕，以砗磲黄白类云母者嵌夔首，澄黄类玳瑁者嵌身尾。雌夔窈窕，料色恰与雄夔相映成趣，夔首澄黄，身尾则黄白。再以孔雀绿石与红珊瑚嵌缠枝灵芝，缭绕

图1　黄花梨百宝嵌对盘

双夔爪尾间,衬之以幽莹木色,益觉古艳雅丽。(图1)

富贵奢华如此,兼之径小而浅,岂容日常烹菜饪肴汤汁沥漉之属。是特为祝寿祭祀礼宾贺庆诸事而备,摆设干鲜素净果品于盘上,点缀仪式而已。尝见明代瓷器所绘饮宴图,宾主正冠端坐,一人一桌,上列小盘纵横成阵,达十几二十件。想对盘当初亦不仅一对,必是成套定制。

明季百宝镶嵌名师,惟周翥一人传名今日。诸录载其名,周柱、周治、周制不一。以理判之,果真曾目见其名,讵能有误?所以误,当在耳闻其名之音而未见其名之写也。"翥"乃冷僻字,闻读"翥"之音,或误作柱、治、制一类常字。若闻读柱、治、制之音,则绝难误纂为"翥"字也。由是定周氏真名。翥,嘉、万时苏州人。明张岱《陶庵梦忆》记吴中绝技,将周之治嵌与子冈治玉、天成治犀、碧山治金银等并论,谓"俱可上下百年保无敌手"。对盘宗周之风而非周之手制,自可推知,然于陶庵之论,则当之了无愧色。

"古燕赵子玉造"蟋蟀罐

径12.2厘米，高11.6厘米

数年前，英伦某杂物小拍上出现"陶制器皿"一件，实乃澄泥蟋蟀罐一只。其罐底及盖内均有"古燕赵子玉造"款识，反复细审，与王世襄先生《蟋蟀谱集成》之附文《秋虫六忆》中所刊绝类，然从未经手虫具，不敢遽信。因区区三百英镑起拍，故决意电话参拍。接电话者为该行阿兰达小姐，花语轻柔，一切顺利。

拍卖当晚，虽寐而侧耳警醒，直至凌晨，未闻铃唤。上网查看，流拍。次日电话询问，仍是阿兰达小姐，亟表歉意，谓乃新人，不谙规定：凡起拍价低于五百英镑之物，不提供电话竞拍服务。因请代为协商，以五百英镑购买。隔数日得回信，物主已将陶罐取回，不欲再卖也。事遂寝。

数月后，突接怪异英文电子邮件一通："玛格丽特，请汇款额八百英镑加寄费九十英镑至如下银行账号，寄运邮址望告保罗"云云。信尾属名，为英文拼写之日人姓名"布佐清水"。信后附玛格丽特原信，读过方知乃往来信函，商购之物，正是陶罐。玛格丽特人在纽约，经营古董，据其姓氏拼音，乃一陈姓中国女子。而网搜布佐，乃一英籍日本老太，开设东方文物店于伦敦古玩一条街。想来阿兰达善意成全，曾将余之电子信址告知布佐，遂有此误会。

余速致信布佐并通电话，声明原委，愿倍付彼议允之价，研赏之后，当转让玛格丽特。孰料布佐即群发一信，将余信转与玛格丽特，并问其意如何？玛格丽特似非志在必得，或恚布佐之食言无信，亦怒余之横刀夺爱，自此不复答言。布佐遂售之予余。

　　陶罐自伦敦寄至之日，前思后想，忽有所悟。布佐接玛格丽特议价之信在先，之后回信提供银行账号，若非特特键入余之电子信址，如何能发向余之电子信箱！莫非当初错发之信，乃彼有意为之，意在组织一场私家拍卖，令二士争桃竞价耶？果如此，真真是"狡猾狡猾的有"！

　　明清名匠绝技，如子冈玉、君房墨、鸣岐铜炉、顾二娘砚等，几乎神话，盛名天下扬，赝仿遍地行，本尊真容则万难一见，子玉罐亦在其列。据清丁佩《萝窗小牍》："赵子玉，家北京，清初人，善制澄泥蟋蟀盆，式既古雅，刻镂亦精，好事者珍之，亚于宣德。"王世襄先生《秋虫六忆·忆器》一文，列不同款识之子玉罐凡十三种，"古燕赵子玉造"位居第一，当为其最基本形制；又论子玉罐之鉴别云："赵子玉罐虽名色纷繁，然简而言之，又有共同特征，即澄泥极细，表面润滑如处子肌肤，有包浆亮，向日映之，仿佛呈绸缎之光华而绝无杂质之反射，出现纤细之闪光小点。棱角挺拔，制作精工，盖腔相扣，严丝合缝，行家毋庸过目，手指抚摩已知真伪。"再录子玉十三种品色口诀："瓜皮豆绿倭瓜瓤，桃花冻红鳝青黄，黑白藕合泥金盆，净面都人足深长。"

　　此罐之品色，属鳝鱼青。罐盖之款识，与《秋虫六忆·忆器》所刊"古燕赵子玉造"款识拓片之一全然吻合；泥质与形体诸特征，与王世襄先生所言毫厘不爽，定真无疑。罐腔之泥质，亦纯无闪星，惟坚致及包浆光泽稍逊。底足款识与罐盖所钤者略有不同，乃"古"字一横下有弯线者，与《秋虫六忆·忆器》所刊"古燕赵子玉造"款识拓片之二极类似（拓片模糊，尚难判断两者是否同一）。因此，罐腔是否同属子玉所造，若是，与罐盖是否为原套子玉，至今仍掂掇难定。（图1，图2）

　　上述"古燕赵子玉造"款识拓片之一与之二，显系分拓自罐盖与罐腔，盖与腔之径长相差一毫米，故不知同属一罐或分属两罐。子玉制蟋蟀罐，供应北方虫家，当具有一定生产规模，款识印章亦不必一枚。然由此衍生疑问：原套子玉，是否有

图1 子玉蟋蟀罐

图2

同文两印章分别钤印于罐盖与罐腔之现象？此有助于鉴定余所得之罐。愿方家有以教我。

虽确真者惟一子玉罐盖，亦足以领教名匠厉害，其享大名，必有其过人之处。首在淘澄之功，即净去泥中掺杂之云母金砂，实非凡匠杂坊所能及，故王世襄先生所谓"向日映之，仿佛呈绸缎之光华而绝无杂质之反射"，良非藻饰虚誉，确实是"绝无"。再在成型之工，线条劲挺如汉璧，手过摩挲，便微闻飒飒如金声玉振之响。须知，原套子玉罐，嘉道间已珍逾球璧，岂今生晚辈如余者所能奢望耶！莫说尚得一确真子玉罐盖，但得一陈年旧仿子玉，亦当知足矣。

随罐附双枣花纽青泥过笼一只，"三秋胜会恒斋监造"铭，花叶形底款，内起阳文"赵子玉"。虽亦是陈年百岁之物，然非真子玉。前引王世襄先生文章亦言及过笼，曰："常见盖内印叶形戳记中有赵子玉三字者，皆是赝品。"

前辈治学，巨细无遗，令人每生"跳不出如来佛掌心"之感。

书 谱

明万历《鲁班经匠家镜》

《万印落红拾遗》

明天启《新镌绣像韩湘子全传》

《校注项氏历代名瓷图谱》

清康熙《芥子园画传》

明万历《鲁班经匠家镜》

通高 25.6 厘米，宽 16.9 厘米

常逛跳蚤市场，得识美国木匠卡普勒氏。老人家心地纯良，瘦小精干，大手皴裂多老茧；无儿女，偕老妻及肥狗两头，居伯克利山腰小木楼中。室内家具均自手斫，颇以实材大料、坚固耐用为得意。知余藏古，言家有中国旧书，得暇可往一观。余姑妄听之，漫应之。

一日入山林，顺诣其木工作坊。果出线装古籍两册，问余其有意乎？封面写朱题数行，未及行读，睨见起首"此是明刊本"及末尾署名"西谛"二字，已脉冲血涌，几致窒息。扶挪至桌前，坐定，细阅，竟是明万历版《鲁班经匠家镜》。亟问来历。

老人言，八二年春，中国大陆某留学生，合影犹在，名姓佚记，就读英文学校初级班，赁楼下一室居住。初，尚能按期付租。数月后不敷日绌，乃取携带出国之新旧绘画书籍，任择选以偿租金，此书即在其中。老人不识中国书画，却之不受，容其缓措。又数月，彼欲转投洛杉矶亲友处。议所欠金，仍出前示书画，含愧曰：身外无余财。老人怜其清寒学子，去国背亲，遂挥笑由之去，或偿日后腾达时。彼感乎内而动乎容，恳请留一二存念。婉辞，益坚其请。因检此书中插图，与木匠专业尚存关联，故纳而受之，聊助参考耳。

余问时下一年租金几何？愿换以两年金。老夫妇闻之，大喜过望。不数日，即付款成交。

时国内古籍书价以嘉德拍卖为最，然未闻价高如许。忆当年求阅是书，持单位介绍信至文津街北京图书馆。备费周折，始调出微缩胶卷。聚睇荧屏，手摇轮把，图文颤晃彳亍。读未毕，已眩晕欲呕矣。今日于海外林间一小屋中，竟得亲晤面对，泂异数也，不应更图价廉。况钱去，可使复来。倘纵此书逸去，奚将求乎，奚将求乎！

封面有郑振铎先生西谛朱墨亲题书名《新镌京板鲁班经匠家镜》及题记四行："此是明刊本，凡三卷，当为全书，总结了历代工匠的经验，写了下来，午荣与章严之姓字，可与李诫并传矣。西谛。"（图1）

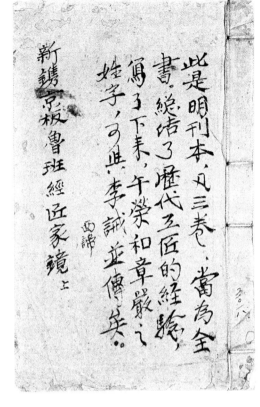

图1　鲁班经书影之一：郑振铎题识

北宋李诫之《营造法式》，皇皇古建匠则集大成之巨著。西谛先生举午、章与之比肩并论，推重若此。其手笔携柳归颜，临纸想其丰赡，一湛然磊落、玉树临风之君子也。

书之全名：《新镌京板工师雕斫正式鲁班经匠家镜》，北京提督工部御匠司司正午荣汇编，局匠所把总章严仝集（仝，意同）。竹纸，半叶九行，行二十字。无黑口，上单黑鱼尾。内中版画插图，线刻宛如游丝，弹射韧劲，人物柳眉凤眼、衣纹流利，纯是万历雕版。考为明万历丙午年汇贤斋所刻《平砂玉尺经》附集第四种。

全书正文前有扉图一帧：堂官据公案后，匠人操作于前，当是工部御匠司或局匠所衙署内景。图之右下角钤"素风"及"康生"朱文印各一方。（图2）

素风，倘不误，乃清僧人律然别字。律然海虞人，诗画俱佳，著《息影斋诗

图2　鲁班经书影之二：素风、康生印　　　　图3　"西谛藏书目录"单页

钞》存世。想来息影槛外，亦是究心木工匠作之人。

　　据"康生"印，此书曾厕插其架。郑先生振铎不幸遇难，猝归道山，所藏古籍尽捐北京图书馆。此本散出当在先生生前。曷归康邸，复流落至美，不能详考。曾经寓目之康印，圆章"归公"，侬壁秦鈢汉铸；闲章"康生看过"，直接章草。此名章汲髓三代鼎彝金文，融铸石鼓、封泥、摩崖石刻，刀法老辣，得窥缶庐堂奥。印色浅金嫣红，极考究风雅。持公允论，山水精妙，不黜林甫；[①]书风秀逸，当存分宜。[②]康氏博识赏古，善鉴工书，自不能掩其奸酷，亦不应因人尽废。

　　书页中散夹"西谛藏书目录"表格一页。（图3）绿墨栏格，分编著者、卷数、出版年月、出版者、版式行款、附注诸项，乃当年专印特制。足窥先生藏书规模之大，用功之深，杵力之沉。转念抗战军兴，先生匿身上海，忍诟负诟，发大愿，誓救吾国典章古籍于虎啮狼嚼间。今日论之，先生功德，日月昭彰，山高水长。书生报国，不必攻城略地、上阵格杀方称英雄。

余谓此万历刊本允具四绝。

一曰名高位重。追溯前身，乃《鲁班营造正式》。明式家具至正嘉隆万四朝，登达鼎盛。此万历刊本新增家具条款并附插图，开前本所未有。付梓与制器同步当时，故图绘精准，为研究中国明代家具必读之典。后崇祯增编及清代翻刻，讹误变本加厉，图像愈趋拙劣，价值远逊。我国刘先生敦桢、郭先生湖生、王先生世襄，均撰文作论，或考证版本源流之异同，或校释条款辞名之涵蕴，赞之"宝贵"，诩之"最佳"，推之"重要"。欧美学者如德国艾克、美国汉德勒（韩蕙）及艾弗斯，于著作中频述迭引，荷兰学者鲁克斯更出

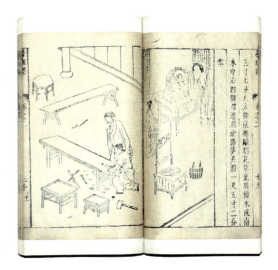

图4　鲁班经书影之三

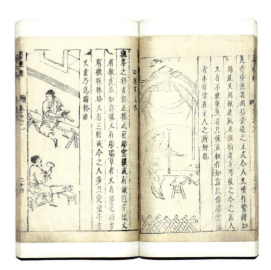

图5　鲁班经书影之四

---

① 李林甫，唐玄宗开元年间权倾朝野，以口蜜腹剑著史册。为李思训侄，画风亦小类之。
② 严嵩，字惟中，明嘉靖年间独揽相柄二十年，陷人无算。嵩江西分宜人，世遂以是称之。

版专著《十五世纪鲁班经研究》。是蜚声中外,备受尊崇也。(图4,图5)

二曰珍全。世事茫茫,兵燹水火,书海沉浮。是书《四库全书》不载,《贩书偶记》未录,诸家书目阙传其名,渺无踪迹久矣。一九六一年初,国家文物局始于民间访得残本一部,诧为罕宝。端赖此残本之天日重见,刘、郭之作采掇引用,得成比较;王作据之诠释注解,方可行文。万历刊残本,尚珍稀一至于此,遑论万历刊全本。

三曰品相佳。宣绫包角,双丝钉册,惜古衬,所谓金镶玉装也。

四曰好帮手。旧时书估称名家批校、圈点、题跋、藏记为"帮手",谓一书被此,可凭之倍昂身价矣。此本素章、郑题、康印,一一粲然,流传有绪,添书林前尘旧影一段韵事。

曾携之归国。时藏书家孟君宪钧拟集西谛书评成书,流连展观,艳羡不已,亟抄题记而去。

《万印落红拾遗》

版高28厘米，宽16.8厘米

潍县陈簠斋介祺，晚清金石研藏第一大家，尝筑楼庋蓄所藏三代秦汉古印玺，额曰"万印楼"。镇楼瑰宝有二：汉褐玉"淮阳王玺"与传为汉赵飞燕印之"婕伃妾娟"凫钮白玉印。光绪十年，簠斋谢世。民国初年，陈氏后人经琉璃厂德宝斋毛润甫、刘簾泉之手，将古玉印四十方抵押于大总统徐世昌之弟徐世襄处，"淮阳王玺"与"婕伃妾娟"二印即在其中。徐世襄遗孀孟氏妥为珍护，后尽售之于国家。"淮阳王玺"今藏中国历史博物馆，"婕伃妾娟"印今藏故宫博物院。此印家皆知之梗概。

二十世纪八十年代末，余归国任教，始藏古，暇时常游琉璃厂海王村。某日，入坊肆观壁上旧画，适两老者行过，其中鹤发童颜一位，指划议论，真识画人也。遂从旁请益，自云毛氏名金笙，略接谈，径邀余至家中啜茗小坐。自此定忘年之交。

金笙老十余岁即入琉璃厂古玩铺学徒，得遍识民国时大小藏家，满腹掌故轶闻。闲谈中尝向王世襄先生提及，先生笑曰："琉璃厂小毛儿嘛！"后相知日深，见架上书牍中有自订古印谱三册，翻而检之，共一百零三枚，均簠斋万印楼故物钤本，"淮阳王玺"与"婕伃妾娟"两印文赫然在焉。问所由来，乃金石篆刻家寿石工先生当年手钤，而德宝斋毛润甫乃其族人长辈。余心甚爱之，请相让，默然有难舍意。此后往见，必恳求。或不胜缠磨，终颔首。

图1

图2

装帧殊草简，因决意剪裁类别，揭裱重装。特购荣宝斋磁青纸、玉版宣、月白锦；倍昂工值，倩原邃雅斋李老书匠装为三册，费数月始藏事。

谱分三卷。王世襄先生题书签曰"万印落红拾遗"；寿石工先生入室弟子、篆刻家温庭宽丈作序，书家李盛燕小楷誊写；金笙老跋识卷末。（图1，图2）

签序跋三老，均已作古。温丈序言，概括全谱，有助赏会；金笙老跋语，道人所未知，则足补印史阙误。节录于下，兼志怀念。

序曰："……此印谱所收一百零三枚古印玺印文，均见诸《十钟山房印举》。万印楼藏印今已幸由故宫博物院珍藏，而此一百零三枚手钤印文亦历经沧桑苟留至今，虽数量十不及一，然精绝之品多在，零简遗缣，亦美泽犹存，故名《万印落红拾遗》。卷一为'战国官私钵'。其于历史、政治、地名、官制、人名姓氏考据之参证功用，晚清以来著述甚夥，兹不复赘言。就篆刻艺术而言，诸钵篆法古朴可爱，其笔势或舒朗端威，或浑拙遒丽，或妩媚娇夭，或恣肆奇诡，实诸法俱备而美不胜收矣。卷二

图 3　淮阳王玺

图 5　琅邪相印章

图 4　婕伃妾娟

图 6　长幸

为'秦汉魏官私印'。东汉淮阳王刘昞之褐玉'淮阳王玺',宽正庄严、秀朗内蕴,尝被推许为万印楼之冠,是举世闻名之重宝。活环纽银印'琅邪相印章',相传明季为某官所藏。严分宜嵩之子世蕃知之,欲攫为己有,某官爱印如命,矢口否认。一日正摩挲把玩,世蕃突至搜检,仓促不及,吞咽腹中,后如厕恭出,始免此劫。神言不足征信,然可见此印贵重。汉白玉鸳鸯钮印自明季即流传于世,传为汉武赵飞燕印,为明清藏印诸家所推崇。吴石华集中有题此印诗,其序云:'玉印径寸,厚五分,洁白如凝脂,纽作飞燕形,文曰婕妤妾赵,篆似秦玺,似独以鸟迹寓名。嘉靖间藏严分宜家,后归项墨林,又归锡山华氏及朱竹垞家,最后为嘉兴文后山所得。仁和龚定庵舍人以朱竹垞所藏宋拓本《娄山碑》相易,益以朱提五百,遂归龚氏。'此印后归潘祖荫,继由簠斋万印楼庋藏。近世学者考其文为'婕仔妾娟',实非飞燕印,盖一女官陪葬印。然学术考据,无妨其美。卷三为'吉语单字印'。有'长幸'之肥腴丰盈,有'经事得志'之活泼精灵,有'乐未央'之古稚天真,方方面面,仪态万千,难以备述……"(图3、图4、图5、图6)

跋曰:"……万印集我国古印之大成,铜玉琉璃银质均有,其中之冠为赵飞燕白玉印、淮阳王玺二印,日商曾分别出价银洋壹万元和伍千元,但其后人绝不拆卖,免除了一次流失海外之劫。后分别以玉印四十方、铜印等七千零六方各抵押四万元、二万元借款于大兴冯公度和徐世襄。

"'七七事变'前,宋哲元主持冀察政务委员会时,欲以捌万元收归国有,并在中山公园之中山堂成立了审察鉴定委员会。举国知名之金石收藏鉴赏家均被邀请参与壮举。经多日之审定,而后分包签封,但因中日关系紧张而搁置。鉴定时,凡参与工作之人均有零星印存,但皆系一鳞半爪,而今又大多物故,瞬息半个世纪矣。'文化大革命'后退还查抄文物时,在英妹处见有破纸一堆,翻阅发现内有印存几张及铜器拓片几张,其中印存一大张乃万印中之玉印四十方,几十年未见到之印迹挂列其上,并有官印吉语印,乃当年鉴定时寿石工先生所钤。为免遭损坏,余整理草装三册。曜北(余之号,自注)先生清雅好古,与余交厚,见此印存,爱不释手,遂举以相让。曜北重装为三册并题书名曰《万印落红拾遗》,属为之跋,谨书其始末以应命。"

夫印章,譬如剧本,钤印方是登台演出。此"淮阳王玺"印文,钤力劲道,允稳深沉,不愧出自名家。蓝玉菘师早年私淑寿石工先生,观后赞叹:"瞧这印打得,真精神!"且告余,寿公所用印泥极考究,具立体感,似有血肉生命凸出纸面,至今鲜红悦目,不褪色,不走油,非乾隆宫制八宝印泥莫能致此。

"婕伃妾娟"手钤本,簠斋《十钟山房印举》初印本及民国许汉卿旧藏附端方题识一本之外,所见惟此谱:匀息内敛,以意念为之,故鸟篆明晰而飘盈,如覆薄纱,庄静淑美。当年簠斋据有此玉印,高标矜持,须十两白银一钤。如今则一入宫门深似海,国之瑰宝,公器也,纵付天价,亦不可能再钤矣。

明天启《新镌绣像韩湘子全传》

通高 26 厘米，宽 17 厘米

图1　《韩湘子全传》书影一：书牌

《新镌绣像韩湘子全传》三十回，钱塘雉衡山人编次，武林泰和仙客评阅，金陵九如堂藏板，明天启癸亥年刊。（图1）金镶玉装，以晚清宣纸书页为衬，缮修年代当不晚于民国。

雉衡山人，明末出版家杨圣鲁尔曾别号。所述湘子度化韩愈故事，旨在劝人弃名利、出尘网，修炼道行，养元全真以为升仙云径。虽涉虚诞不经，然芥粒渺小之人类，若于天地鬼神怀敬惧之心，强似无神无畏、妄衅天地之为大害。

全书从唐段成式《酉阳杂俎》、宋刘斧《青琐高议》及元杂剧如纪君祥《韩湘子三度韩退之》、赵明道《韩退之雪拥蓝关记》套化而来，故尔曾谦逊编次。烟霞外史序赞其"有三国志之森严，水浒传之奇变"，不免失于浮夸。

同代印书人如汲古阁毛子晋，曲高阳春。尔曾则好印大众通俗书籍，且印必镌配版画，以炫诱世人之眼。此书珍贵处亦在书前插图，一回一帧，凡三十帧。其中

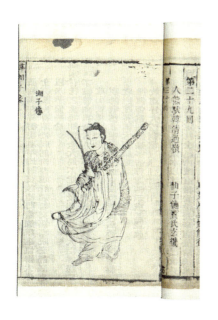
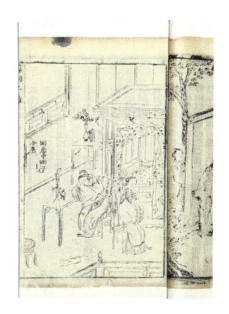

图2 《韩湘子全传》书影二：湘子绣像　　　图3 《韩湘子全传》书影三

"洞房中湘子合卺"，屡经海内外明代家具专著参引。刻手功夫，较之尔曾万历间所刊《海内奇观》十卷，虽不逮其胜，亦差继其武。（图2，图3）

　　书估理查德，不记其姓氏，专营东方书籍，美旧书业又一大怪物也。几番电话预约，几番临期变卦，议付款方式，百般刁难，欲详其店址，亦闪烁游词。晤面日，乘夜幕前往。循所授路线图，车至城郊荒处，竟是一肯德基快餐店。少俟，渠启边门幽悄而入，黑衫绣赤金飞龙，帽檐低压，面呈土菜色，声尖弱似蚊鸣。观书之前，特出白手套一副、洁涤剂一瓶，示余净手。渠爱书，性则乖张，谈吐溅碎秽杂，愤愤有反人类倾向。日光灯明，炸鸡飘香，与之隔桌对坐，览明版《韩湘子全传》，好不抑痒畸躁。为访书，消得忍咽。

　　经检审无舛，收书入袋中，付索金。众客睽睽之下，渠竟遍摊绿钞满桌，张张向光验视。待渠点讫，裂齿绽笑，余急掉头不顾而去。

《校注项氏历代名瓷图谱》

通高 39.6 厘米，宽 27.4 厘米

郭公葆昌（1879～1942），字世五，号觯斋，河北定兴贫苦农家子。十七岁，入京城西安门德聚成古玩铺学徒，敏慧勤学，终成一代古瓷鉴藏大家。辛亥鼎革，转顺德府知县；后入袁世凯总统府，干练慎谨，得充庶务司成，人多传其蒜汁、植荷逸事。①一九一五年参筹洪宪登基大典，任陶务署监，烧制御瓷，为雍乾间年希尧、唐英之后，景德镇御窑厂最后一任督官。洪宪殁，引退，名其居曰"爱吾庐"。自此潜研瓷乘，不问世事。

葆昌历商流宦海，累金巨富。其旧京安定门内秦老胡同十一号大宅，庭竹榭花，假山泉园，并专辟院落做觯斋书社。所印书，式清宫殿本，大模大样，豪华不吝工本。《校注项氏历代名瓷图谱》，乃其一。

墨林山人项子京（1525～1590），晚明大藏家也。集所蓄所见瓷珍，丹青描绘，汇成《历代名瓷图谱》。顺治二年乙酉（1645），多铎大兵下江南，项家世藏，尽为千夫长汪某索掠，《历代名瓷图谱》②亦随之北去。后，归怡王府，扃秘百余年后

---

① 世凯嗜食蒜，然以蒜瓣布上餐台为不雅。葆昌榨蒜汁，银盏以奉，大称旨。又世凯尝叹园池无荷。葆昌从旁闻之，即潜发大车自定兴运荷百盆，连夜植入池中。次日晨光，一池摇迎，世凯大悦。

② 怡府本第十一图注，误书大痴黄公望子久为王子久，李、石临本因之。渊博如墨林者，绝不至混错如此。第二十二图注，言"见于吴门申文定公家"。申时行（1535～1614），长洲人，东阁大学士，万历十二年为内阁首辅，卒赠太师，谥文定。墨林之殁早于申氏之殁二十五年，岂能预书申氏谥号。据此两端，葆昌定怡府本非祖本，乃项氏子孙副录之帙。

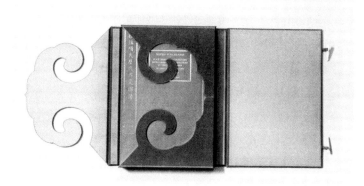

图1 名瓷谱书影一：仿宫装如意函套

图2 名瓷谱书影二：墨林山人小象

于清末散出。英人卜士礼博士购得，携往伦敦，竟毁于大火。所幸怡府本未归卜氏之前，画师李澄渊、石泉甫尝于光绪十二年手摹数本，赖此一线牵系，得以不绝人寰。葆昌藏有李、石临本，为弘彰古典，遂核校正误，邀美国福开森氏③对照英译，成此《校注项氏历代名瓷图谱》。民国二十年开版，限印仅六百部。

③ 福开森（John C. Ferguson, 1865~1945）美传教士，光绪十三年（1887）来华，筹建惠文书院（南京大学前身），应盛宣怀聘，出掌南洋公学（交通大学前身），历任大清邮传部襄赞及北洋政府外交顾问；中国文物通，精鉴富藏，不让高手，以"福大人"闻名古玩厂肆。

开本巍峨,线装,宫装如意云纹函套,内衬豆瓣绿纸,意在仿照乾隆官窑粉彩器里与底足之釉色,象牙签,黄绫封面。(图1)函套之外,再裁印褐厚皮纸为书衣。

谱纸乃特制。仿南唐澄心堂纸,以幼青竹为原料,漉筐结膜,白羞初雪,薄比蝉翼,韧密若蚕茧。上楣水印月白婴戏祥云纹样,环绕"觯斋制"牌记,下槛海水江牙纹。今日即得此一纸,亦是文物矣。谱序之后,有"墨林山人小象"(图2)与"墨林山人著书砚"真影,以志景仰。谱内名章、藏印、斋号多方,均蘸朱手钤。正文分十集,凡八十三器。宋定窑之乳脂温润,龙泉窑之梅子湛青,明宣窑红釉之猩血凝丹,成化斗彩之鲜艳溢目,弘治黄釉之嫩露欲滴,跃然浮现纸上。(图3,图4,图5,图6)

图3 名瓷谱书影三

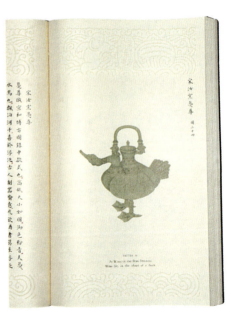

图4 名瓷谱书影四

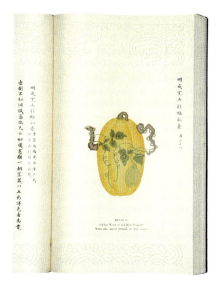

图5　名瓷谱书影五　　　　　　　　图6　名瓷谱书影六

到手时,谱内夹一残纸,似是从前主人所遗,为某英文善本书目著录此谱之片断,末评:"EXTREMELY RARE."(极其珍稀)另不知谁人手批一语:"Paragon!"(完美典范)。近百年前,葆昌凭一己之力,摘民国公私印书精美之冠,获誉西人,许为极善之本,虽柳荫无心,今日思之,毕竟不易也。

与前述"紫檀嵌银丝镶玉铊尾墨床"同场亮相。委身参考书列,位卑次末。时近场终,人皆散去,竟无与相争者,仅付微值。墨床之昂,稍得补偿矣。

约十年前,嘉德用填单投标法拍卖群众出版社普通藏书。内有此谱一部,无底价,以出价过低,归之他人。后再见拍,价涨十倍,于是遗憾当初。而今之得价,竟反低于当初。俗有天算人算之说。天算在上,人实低微可怜,又不得不算。损益周循,拌搅对冲,所以侥幸之侥背之。宁足征信乎?请观墨床与是谱之捃。

清康熙《芥子园画传》

版芯高22.5厘米，宽13.76厘米

《芥子园画传》初集，一函五册，凡五卷，康熙十八年刊。（图1，图2）白口单鱼尾，上印传名，中印卷数，下印页码，字迹清爽，为原刻本。

枣版画图，墨色凝云飘雾，气象万千。卷五施彩套印，朱蓝黄绿，一一相宜。金镶玉装，然康熙年间之开化纸，冰雪玉白，岁月不侵，胡不称玉镶玉装邪！（图3，图4）

卷前页间，朱红累累。曾为康熙时名书家查升①旧藏，卷前钤"声山翰墨"白文印一方，可为证。"鸣凤楼藏书""荣承瑛印"及闲章"莺边按谱花前觅句""琴书知己""仁者福寿"等等，乃后来藏家印记。

看当日印书路数，与今日趣多似处。"创意、策划"沈因伯②；"编著、绘图"王安节③；"广告、出版"陈扶摇④；笠翁缠绵病榻，领"编委会顾问"衔，名人推荐、题序点评。

---

① 查升（1650～1707）字仲韦，号声山。工书，小楷极精，得董其昌之神。康熙二十七年进士及第，官少詹事，后入值南书房，屡得圣祖称赏。著《淡远堂集》。
② 沈心友，字因伯，号克庵，李渔婿。
③ 王概（1645～1710）初名丐，亦名丐，字安节，秀水人，久居金陵，笃行嗜古，专心艺事，不入仕途。山水学龚贤，苍劲深厚。尤善大幅山水松石，雄快千钧，人物、花卉、翎毛则下笔有味外之味。
④ 陈溟子（1612～?）字扶摇，号西湖花隐翁，武林人，书坊名文治堂。

图1 《芥子园画传》书影一：书牌

图2 《芥子园画传》书影二：序记

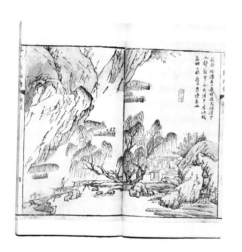

图3 《芥子园画传》书影三

图4 《芥子园画传》书影四

古代书画谱录，自南齐谢赫《古画品录》起，至清康熙《御定佩文斋书画谱》止，或书道画论、品评丹青、著录巨迹、次第大家，而点划剖析、分步示范、辅之以图之程式教科，自元李衎《竹谱》以来，淹博宏富之作，首推《芥子园画传》。

佳乎哉是传！自康熙十八年初集刊行于世，继而二集、三集季殿辉煌，嘉惠艺林，裨益画苑，历代翻印，至今不衰。至三百数十载后之新千禧年，地无论南北，国不分东西，凡染指水墨丹青、熏习中国艺史之士，不闻《芥子园画传》者，寥若稀星。其流布人间，化身何止千万，而本真法身则万难一见矣，焉能不珍之若拱璧隋珠！

以日本宝永、天明两朝间版画散页两百七十张，从奥克兰日裔古玩商鉴求堂藤文清彦处换得。

考 辨

千里姓氏考

"姜千里造"款漆器补证

姜千里与江千里
　　——千里姓氏再思考

重审"古月轩之谜"

此石不坏,先生长在
　　——唐英石雕像真误析

千里姓氏考

缘　起

晚明清初之际，诸艺名家如星辰灿烂，各以登峰造极之技，擅胜一时而流芳后世。千里所治螺钿嵌漆器，为列宿之一。

艺匠名千里，迄今了无异议。而其姓氏，旧存两说：一曰姜，一曰江。

检现存史料，姜姓之说实早于江姓之说，惜乎仅见之于旧籍录述，缺乏实据支持。反观江姓之说，其出虽晚，却有明署江姓款识之传世实物以资辩护，故今之海内外中国文物学界多依江姓之说。

二〇一一年秋季，美国芝加哥莱斯利·赫因德曼（Leslie Hinderman）拍卖行秋季亚洲艺术品拍卖会上，出现一只晚明清初螺钿加金银片嵌山阴逐猎图圆漆盒，盒底纯金嵌篆章"姜千里造"款。此盒初见于纽约佳士得二〇〇〇年秋季中国瓷器工艺品拍卖，列拍品71号，时为纽约著名古玩商莱利（J. J. Lally）所得，后归芝加哥某藏家，即此次送拍者。

千里以金银片加螺钿嵌漆名于世。其生前身后，技艺影响所及，近至江南地北，远至日本、琉球、朝鲜，可谓仿摹者遍天下。且仿品中颇不乏佳制，进而与千里手制真器混合，形成千里一派。时至今日，欲于其中甄别真器与仿品，则千里款识不得不辨，而欲识千里款识，则千里姓氏不得不辨。

端赖此器出现，姜姓之说，方得一暂时立足处，且将千里姓氏之歧义，再次陈诉公案前。

籍　载

渔洋山人王士禛《池北偶谈》："近日一技之长，如雕竹则濮仲谦，螺甸则姜千里，嘉兴铜炉则张鸣岐，宜兴泥壶则时大彬，浮梁流霞盏则昊十九（号壶隐道人），江宁扇则伊莘野、仰侍川，装潢书画则庄希叔，皆知名海内。时陶南村所记朱碧山制银器之类，所谓虽小道，必有可观者欤。"①

士禛，明崇祯至清康熙年间人，与千里同时，亦是姜姓一说之初记者，其《池北偶谈》亦为史料中最早提及千里螺钿嵌艺之文字。

乾隆时笠亭朱琰《陶说》云："于是乎……近代一技之工，如陆子刚治玉，吕爱山治金，朱碧山治银，鲍天成治犀，赵良璧治铜，濮仲谦雕竹，姜千里螺甸，杨埙倭漆，今皆聚于陶之一工。"②

从文风及书之卷四《说器上·琖》条下亦引《池北偶谈》所记隗器戋事，不难推想其录姜千里之名，亦是沿循士禛之说。

民初邓之诚《骨董琐记》有关千里之"一技之长"条，亦引自士禛。

晚清民国时上海藏古家淳斋许汉卿有金银螺钿嵌漆壶式砚滴一枚，见于纽约佳士得二〇一一年秋季"澄怀味象——许汉卿珍藏"专场。此壶并无底款，旧配锦盒上许氏墨笔亲题曰"明姜千里造钿金砚滴，淳斋珍藏秘玩"，是持"姜"姓一说之最晚近者。汉卿乃前清遗少、金融巨子，精鉴而富藏，题其旧藏螺钿加金银片漆砚滴曰"姜千里造"，饶具古风竟至一字不爽，颇疑其曾过目此类"姜千里造"款之实物。③

①　《池北偶谈》卷十七《谈艺·一技》。
②　《陶说》卷一《说今》。
③　Christie's NY, *A Connoisseur's Vision: Property from the Xu Hanqing Collection* 09/15/2011, Lot 896.

清乾隆时人阮葵生《茶余客话》："昔人治一业，攻一器，足以传世行远而不朽，较之抱兔园一册，饱食终日，老死庸下，淹没而无闻者，不可同年语矣。如陆子刚治玉、鲍天成治犀、朱鲁山治银、濮仲谦治竹，又嘉兴王二漆竹，苏州姜华雨莓箓竹，赵良璧、黄元吉、归懋德治锡，李昭（一作荷叶李）、马勋治扇，周柱治镶嵌，吕爱山治金，王小溪治玛脑，蒋抱云、王吉治铜，雷文、张越治琴，范昌白治三弦子，杨茂、张成治漆器，江千里治嵌漆……皆名闻朝野，信今后传无疑也。"④

此书乃录千里之姓为"江"之始作俑者。

稍后成书之刘銮《五石瓠》有"濮仲谦江千里"条："江千里钿漆酒器、方圆小盒、笔筒、鞋杯，花纹工细如发并督童年人学之，前古未有之精也，岂滇制所敢望。"⑤

嘉庆十五年重修本《扬州府志》卷七十二载：康熙初，维扬有士人查二瞻，工平远山水及米家画，人得寸纸尺缣为重。又有江秋水，以螺钿器皿最为精工细巧，席间无不用之。时有一联云：杯盘处处江秋水，卷轴家家查二瞻。"

府志所记此条，转引自作者不详之《田居杂记》，而后世所传江千里一字秋水，即源自此联。

王世襄先生《髹饰录解说》"螺钿加金银片"一条亦言："江千里，明末人，以制薄螺钿器著名。阮葵生《茶余客话》称其'名闻朝野，信今传后无疑'。王士禛《池北偶谈》、朱琰《陶说》均作姜千里，误。王、朱都是北方人，北音'江''姜'难辨，故误'江'作'姜'。"⑥

又有近世王敦化先生之《王敦化稿》，其说饾饤葵生及《扬州府志》之说，并无新出。

由上列可知，姜、江两说各有其史上渊源。姜姓之说早，而江姓之说晚。王世襄先生《髹饰录解说》中相关论述，则欲为此三百年来歧义下一结论。

④ 《茶余客话》卷二十。
⑤ 《五石瓠》卷二，昭代丛书本。
⑥ 《髹饰录解说》，文物出版社，1998年，第145页。

美国纽约大都会博物馆编著之《东亚漆器》一书，其参考书目索引中虽列有《髹饰录解说》，然论及千里时却称："对 Jiang 千里之生平及年代，至今仍知之甚少，甚至对其姓氏仍有不确定处。署款通常只是其名'千里'，而却有几个与其相关之姓氏，读音均为 Jiang。"

此处尽管将江、姜两姓误为几个，却足见千里江姓这一结论，尚未被海内外中国文物学界一致接受。⑦

实 物

检海内外公私所藏千里一派螺钿嵌漆器，大多为无款、署花叶款或简署"千里"款之器。而目前所知署款确具姓氏者，仅存下列三器。

故宫博物院藏螺钿加金银片嵌云龙纹长方形黑漆盒一具。盖里嵌篆书"江千里式"款。

此器为故宫博物院馆藏一级文物，虽未必是清宫旧藏，但海内著述图录迭相传引，因之属闻名于世之重器，至今仍被中国文物界视为千里真品之标准器物。今人所以信千里之姓为江，《茶余客话》等记叙之外，多据此器之款。如王世襄先生于《髹饰录解说》"螺钿加金银片"一条下尝对此盒详尽描述，并在《中国古代漆工艺》一文中定之为"江千里的标准器"，即是一例。⑧

"江千里式"款螺钿嵌云龙纹长方漆盒。(图1)

"江千里式"款长方盒之铭文。(图2)

⑦ *East Asian Lacquer: Florence & Herbert Irving Collection* by James C. Y. Watt and Barbara Brennan Ford, The Metropolitan Museum of Art, 1991, p. 140.

⑧ 《中国美术全集·工艺美术编·漆器》，文物出版社，1989年，第42页。

图1 "江千里式"款螺钿嵌云龙纹长方漆盒

图2 云龙纹长方盒之铭文

图3 "江千里制"款螺钿嵌漆西厢记小漆盘

英伦著名中国文物学者莫士扨藏有螺钿加金银片嵌西厢记小漆盘一只，底嵌螺钿"江千里制"篆章款。

莫氏藏"江千里制"款西厢记小漆盘。(图3)

款署姜姓之器，惟前述莱利旧藏螺钿加金银片嵌山阴逐猎图圆漆盒，盒底以纯金嵌"姜千里造"篆章款。

"姜千里造"款螺钿嵌山阴逐猎图圆漆盒。(见121页图)

"姜千里造"款。(见122页图)

综 考

士禛等曰姜，葵生等曰江，然均未言及所据为何。或谓二人所据乃目击实物。名匠之作，有一真品便有万千仿品，此古往今来吾国工艺史上之常情。夫艺匠治器，早年孜孜以攻、励精图治于默默无闻之中，其时世之所见，定是署其真款之手制真品，盖尚无追慕者也。待声名鹊起，以至"知名海内"，仿者遂蜂拥而来。艺匠虽辛勤劳作，然只人两手，一生成器必定有限，岂敌千人万手之仿，故终至仿品滔滔，否则何以有"家家杯盘"之盛。而真品处其中，如沧海一粟，淹没难辨矣。士禛生于明崇祯七年，卒于清康熙五十年，故其与千里之生活年代，或稍有交错迭落，但大致属同代之人，其文中"近日一技之长"之语，已言之甚明。其《池北偶谈》刊行于康熙三十年，由此上溯，正是千里嵌漆兴起乃至名动天下之间。当其时，音讯仍在，脉络犹存，仿品尚少，故得见千里真款真品进而知其姓氏或辗转得其实况之机会，当大大多于晚生之葵生。葵生生于雍正五年，其《茶余客话》则刊于乾隆三十六年，其时仿品已大行天下。以生年论之，渔洋与葵生前后隔代近百年。以刊书早晚论之，两书相距近半个世纪。再辅以世理言之，史上宫闱秘闻、政谋内幕，后世解查洞悉或明于当时，而某人姓氏，类署浅显，并非讳莫，则仍署当时人之载录更为信实。

嘉庆十五年重修本《扬州府志》所记之江秋水事及对联，本转引自无名氏《田居杂记》。此条未见载于此前之康熙诸刊本及雍正十一年刊本，故无名氏《田居杂记》之刊刻年代似不应早于雍正十一年。品此联意味，无名氏当闻知自民间语屑谈助，不过言当时仿江秋水、查二瞻者之众多以及追风附雅之风气而已。既是民间俗笑口传之联，未落字纸，故其以"江"为姓，难以引为实据。与千里同时及稍后之螺钿名匠，非止千里一人，如吴伯祥、吴岳祯等。或疑此江秋水乃另一制漆艺匠，与千里并非一人。而后人既信千里之姓为江，再依古人字号乃意释其名之习惯，衍想江秋水乃千里之字。

又王世襄先生有士禛与朱琰因北人北音误记姓氏之判断。士禛籍山东新城，是为北人，朱琰却是浙江海盐人，乃地道南人。北音之"江""姜"，自是异字而同音。然查南音之中，以商埠繁荣、名匠迭出而千里颇有可能业居于当地之苏州、嘉兴及扬州三地方言为例："姜"之读音，三地均与北音同，读 jiāng；而"江"之读音，苏州、嘉兴读 gāng，扬州则读 jiàng 或 jiǎng。由是推之，若南音言"姜"，北人或误记为"江"；若南音言"江"，北人或误记为"刚""匠"或"蒋"。故听音辨字，士禛可能误"姜"为"江"，反而误"江"作"姜"之事，似不大可能发生。

更值一提者，士禛不仅为千里同代之人，其于清顺治十二年进士及第，初任职守，恰是扬州府推官，即扬州司法长官。后在此任长达五年，"昼了公事，夜接词人"，与当时江南江北文人士大夫广为交往，上逮文坛耆宿，下至布衣贫士，宴游酬唱几无虚日，其中既有领袖名家钱谦益、吴梅村、冒辟疆、陈维崧辈，又有平民画家禹之鼎与精擅饮馔服用器具者如李渔一流，并不时出游周边之苏杭镇江等地，若谓其竟不知苏扬一带民俗风土人情、诸艺方物方言及商贾匠作鼎鼎大名如千里者，实难令人信服。

今眼看去，传世之千里一派螺钿漆器中无款、署花叶款或简署"千里"款之杯盘盒碗一类，仅就其工细而言，均具相当水平，然经比较实物，仍与上述确署千里姓氏款识三器之工艺高超，有鸡鹤之比，存霄壤之别，故当概视为仿品。真器，则或从此三器中出。

故宫博物院所藏螺钿加金银片嵌云龙纹黑漆长方盒，据《中国美术全集·工艺美术编·漆器》："此盒为圆角长方形，平底无足，通身髹黑漆，嵌薄螺钿片纹。盖面题'长庚堂，式如金，式如玉，君子乾乾，慎守吾椟，不告而孚，不严而肃，及其相视，若合符竹'，款署'西白铭'，钤'星贡'方章。四壁通饰云龙纹，四龙环绕其上。盖里嵌篆书'江千里式'款。"

王世襄先生虽以千里之姓为江，且定此器为千里手制，却亦觉察出此款蹊跷。其于《中国古代漆工艺》一文中写道："或谓既为江制，何以称'式'？"随后解释为："笔者认为'式'有示范之意，更足以说明是他的铭心之作。"⑨

据《说文》：式，法也；《韵会》：式，取法也；《增韵》：式，样也。因此依辞典之释与通常之解，式乃样式，或取法某式，并无向他人示范之意。"江千里式"，即言此盒乃取其样式也，非千里名款。篆章嵌于盒盖之内，亦非名款通常位置。凭此"江千里式"款而定其为千里手制，有欠稳妥。

此盒之制者，实匿影于铭文之中。其落款曰"西白铭"，再钤"星贡"方章，当为同一人之名与字号。铭文中"慎守吾椟"四字，吾，显然为铭文者西白自谓。椟，据《说文》，乃匮也。又据《仪礼·聘礼》"贾人西向坐启椟取圭垂缫不起而受宰"句之注曰："圭函，故凡缄藏物者皆曰椟"。故椟为匮函匣具之意。将铭文通贯读之，当是西白制此式如金玉之"江千里式"椟具，并告诫后之同业从艺者慎守孚肃之语。

谛观此盒，形制与纹饰，令人每生异样之感。特意铭文要后人"若合符竹"般遵从己式，亦从未见之于吾国匠师之承习传统，遑论仿照另一名匠之式以制椟，并要后人"慎守吾椟"以遵其式之事！

⑨ 《中国美术全集·工艺美术编·漆器》，文物出版社，1989年，第41页。

图 4　唐代铜镜之龙纹

其云龙纹饰，双角不分叉，锐滑如牛角，似汉；凤鹤细腿，鹰鸟钩爪，似汉似唐；粗蛇形体，似唐似宋；鱼鳞龙纹，似晚唐五代及宋；腿关节处生须髭，似唐似元；言其似，亦在似与不似间。（图4）惟一经如此组合，便绝不似明清各朝之龙纹，反之，其云其龙之气象及整体装饰风格，却与清代自琉球国贡入宫廷、至今仍藏故宫博物院之黑漆螺钿嵌器物风格一致，如曾于冲绳《故宫博物院藏日本琉球文物展》中陈列之黑漆嵌螺钿云龙纹圆盘及黑漆嵌螺钿双龙戏珠长方攒盒等等。

　　螺钿漆器乃琉球王国漆艺之主流。其制法与风格纹样，虽略受日本影响，然日本漆艺亦是汉唐时自中国传入，故究其总根，盖源于中国。琉球王府曾设贝折奉行所专制螺钿嵌漆器以充贡品及贸易品。其云龙纹似汉似唐之异样，恰是其早期中华文化来源之遗迹。

　　清初之琉球螺钿嵌漆器，更以仿千里漆艺而闻名于世。纽约大都会博物馆名誉馆长、东方文物学家屈志仁先生（James. C. Y. Watt）参考琉球漆艺学者石泽兵吾与西冈康弘等研究成果后指出："其（指千里）声名卓著，以致大量十八世纪琉球生产之螺钿嵌漆器，其中有些甚至与Jiang千里风格毫不相干，却均署"千里"款"[⑩]。描述器物168号"琉球制螺甸嵌黑漆盒"时又曰："盒侧花形开光之间为精美之金银浮花锦地，令人想起Jiang千里风格，看来其作品对琉球漆艺具有极大影响。"[⑪]

　　千里风格之软螺钿嵌工艺，须将螺贝壳上彩泽闪灼之内表珍珠层煮剥下来，加工成0.1~0.3毫米之薄螺片，以充嵌材。[⑫]据史料记载：琉球漆匠大见武凭武（Omitake Hyobu），曾于一六九〇年（清康熙二十九年）往中国杭州访学煮剥螺钿片之技。⑬又据英国东方文物学者加纳（H.M.Garner）《琉球漆器》一书考证：至晚至十九世纪，琉球仍有中国漆工制作漆器。⑭存世之千里一派螺钿漆器，风格是耶非耶，款识字体五花八门，可以想见，其中必有相当数量为琉球漆工及留住琉球之中国漆工所制，使真、仿鉴认，更为扑朔迷离。

琉球与中国之文化交融，源远流长。琉球国自明洪武五年至清光绪五年，琉球国王累世受中国皇帝册封，奉中国正朔，并遣使称臣纳贡成定例。琉球国以儒道治国，汉文字为琉球国官方语言，琉球士大夫亦具极高之汉文化素养，书法绘画追慕汉风，题跋款识亦署汉文名与字号，如与千里大致同时之琉球书画大家翁寄松（1542～1612）号瑞岩，钦可圣（1614～1644？）号自了。此"江千里式"盒上之铭文与篆隶，当在琉球艺林技艺所能与写画习惯之内。

综上，此故宫博物院藏"江千里式"款螺钿加金银片嵌云龙纹长方黑漆盒，颇以为乃琉球艺匠汉名西白字星贲者所制。

盒既非千里手制，款亦非千里名款，焉能更以此盒此款定千里姓氏！

英伦莫士拶氏所藏"江千里制"款螺钿加金银片嵌西厢记故事黑漆盘，当为系列套盘之一。盘心为"道场邂逅"一折，人物各尽其态，服器工细能微，审是螺钿嵌高手所制。然就其风貌而论，如张生脸相之甜润俊美，如莺莺亦不复明末清初仕女云绾高髻雍容之态，如边饰花形之西洋风格，其制作年代，当已入清雍乾之间。

⑩ 同注⑦。
⑪ 同上书，p.354。
⑫ 长北《螺钿漆器工艺》，《中国生漆》第26卷，第2期，2007年11月。
⑬ 同注⑦，p.336。
⑭ H.M.Garner: *Ryukyu Lacquer*, University of London-Percival David Foundation of Chinese Art-School of East Asian & African Study, 1972.

明清两代官私制造署款，明代官器"制""造"两用，私家款则多署"造"，署"制"者绝少。清代官私几全署"制"，署"造"者绝少。

名匠师制造署款，明代署"造"者多，如方于鲁造、时大彬造、张鸣岐造、归昌世造，署"制"者绝少。清代以降，名匠之款几全署"制"。

漆艺中之官器，如明代永、宣、嘉、万果园厂器，"造""制"两用，清代内府制器则清一色署"制"。

至于漆工私家款识，上迄四川荥经曾家沟战国墓出土漆圆奁之"成草"款（《广雅·释言》：草，造也）、湖北云梦睡虎地秦墓出土漆器之"告"款（为古代简写之"造"）、安徽马鞍山东吴朱然墓出土漆盘之"蜀郡造作牢"款、武汉十里铺北宋墓出土黑漆钵"己丑襄州邢家造真上"款及东京国立博物馆藏元代戗金孔雀纹箱之"延佑二年栋梁神正杭州油局桥金家造"款，下至故宫博物院所藏元代及明初之"张成造""杨茂造""周明造""张敏德造"乃至明中期之"滇南王松造"及"弘治年滇南尹禄造"等诸家剔犀剔红剔黑器，以"造"为款似是自古漆艺名家规矩。而清代漆工署款者不多，已知者如卢葵生、沈绍安等均署"制"。入清一变，或与一代风气有关。⑮

千里落款成名，当在晚明，应不逾旧统。莫氏盘"江千里制"之款，可谓不合明风合清风。此外，此器款识之字体，丰盈妍秀、流美婉丽，亦绝不似晚明匠师款之古朴隽逸。

由此思及葵生与刘銮。持姜姓之说之士禛，乃一代高官显宦、诗文之北斗泰山

---

⑮ 依次见：《文物资料丛刊》第 4 期；《一九七八年云梦秦汉墓发掘报告》，《考古学报》1986 年第 4 期；《安徽马鞍山东吴朱然墓发掘报告》，《文物》1986 年第 3 期；《淮安宋墓出土漆器》，《文物》1963 年第 5 期；《中国美术全集·工艺美术编·漆器》，文物出版社，1989 年。

也,其《池北偶谈》更是一时笔记名著,以至乾隆时收入《四库全书》,后生晚学且好典故逸闻如葵生刘銮者不可能不知不读,然彼等径自另称"江千里",于前人士禛之说竟不置一词,殊不可解。

若论亲睹实物,除千里手制真品本来即大大少于仿品之外,其器形亦多为日用常物,体轻如纸,薄如蛋壳,自是碎碰损耗而不易传世,待近百年后至葵生刘銮之时,真品必愈少于当年,而仿品却有增无已。故见仿品易,见真品难也。设有实物致使彼等定千里江姓,当是莫氏"江千里制"盘一类雍乾高手仿品。

纽约莱氏旧藏之螺钿加金银片黑漆圆盒,天地盖,子母口,平面,鼓壁,圈足。盖边,子母口边及圈足边,嵌以串菱纹或曲尺纹,以分隔装饰层面。上、下鼓壁各嵌金菱花锦地开光五,正是屈氏所谓千里风格。开光内以红、绿、青、黄、蓝、紫各色闪彩螺钿嵌折枝花卉,银嵌枝茎,金嵌花蕊及兰草。盒盖圆面为主图,嵌山阴逐猎图。

明代黄成《髹饰录·螺钿》云:"百般文图,点、抹、钩、条,总以精细密致如画为妙。又分截壳色,随彩而施缀者,光华可赏。又有片嵌者,界郭理皴皆以划文。又近有加沙者,沙有粗细。"又杨明对此条之注云:"点、抹、钩、条,总五十有五等,无所不足也。壳色分青、黄、赤、白也。沙者壳屑,分粗、中、细,或为树下苔藓,或为石面皴纹,或为山头霞气,或为汀上细沙。头屑极粗者,以为冰裂文,或石皴亦用。"比照此器之嵌工壳艺,诚一一吻合。

器底署"姜千里造"篆章款,黄金片嵌就,贵重逾常器。其篆法与晚明匠师款识习惯类同,款文则与元明漆工款识传承,香火一脉。

旧时体统,工者,等而下之者也。晚明张岱《陶庵梦忆》语及"诸工":"竹与漆与铜与窑,贱工也。嘉兴之腊竹,王二之漆竹,苏州姜华雨之莓箓竹,嘉兴洪漆之漆,张铜之铜,徽州吴明官之窑,皆以竹与漆与铜与窑名家起家,而其人且与缙绅先生列坐抗礼,则天下何物不足以贵人,特人自贱之耳。"千里之螺钿嵌漆,亦在贱工之署，然其以一技之长，令诗坛领袖主持一代风雅者如士禛、以儒宦名士博览渊知者如葵生，均著名褒扬之，盖其能将一技升华而为一艺，除此何以能从一匠脱颖而为名家？何以登堂入室，为士林所服膺？

夫一代工艺哲匠之能高韵雅者，必受沐于一代文人士大夫思想情趣之影响，两者相得益彰，此不言而喻。影响所在，一曰风格气质，明代《髹饰录》作者黄成，即提出螺钿漆器之最高境界："总以精细密致如画为妙。"所谓图画，状静态易，状动态难，状身姿易，状神姿难。窃谓此山阴逐猎图圆盒之难能可贵者，在以金银螺钿为笔墨，动态神姿，酣畅淋漓，极具画趣，视之为绘画杰作而赏之，亦当之而无愧，岂凡匠常手所能及！二曰选择题旨。千里一派螺钿嵌器，仿者多只得其大概皮毛而已：或装饰遍体星花，或以枝花疏鸟、简单人物略加点缀，亦有构图繁缛如宫苑庭园游乐场景者，惜细谨有余而殊少神韵。即便纹样工致如上述云龙纹者与西厢记套盘者，亦署程式习见、复制生产之器，并非创意了得之作。从仿品可遥知其摹仿对象，故千里制器曾以《西厢记》《牡丹亭》故事为题材，当无可疑。然为一代宗师者，其技其艺必有过人之处，其选题择旨必有超迈之意，岂能终生固守旧题。

观此圆盒之题旨，突破嵌漆题材窠臼，卓然颖异、独出机枢。值明末之际，外患内乱，朝廷急求绥靖经略之才，一时士大夫奢好谈兵论剑，成为风尚，如钱谦益《初学集》卷三《谢象三五十寿序》："君初为举子，余在长安。东事方殷，海内士大夫自负才略，好谭兵事者，往往集余邸中，相与清夜置酒，明灯促坐，扼腕奋臂，谈犁庭扫穴之举。"甲申之变，国破鼎革，志士仁人又以荡除虏寇、恢复河山为己任，反清复明之举此伏彼起，贯穿顺治一朝十有八年，至康熙初年，方告平息。此圆盒画面逐杀狼豕、英奋激越之气，或与明末清初士人之心结情愫有关。

结　语

"姜千里造"款螺钿加金银片嵌山阴逐猎图黑漆圆盒，艺高技绝，款识顺治，存世仅此一件，为迄今所见金银片加螺钿嵌漆器中之无上精品，于貌似千里真品之传世诸器中，为最具可能之千里手制真品。其款识，则为士禛"姜"姓之说提供实物支持。

士禛以千里同时代之人，首次记录千里姓名及技艺。此后沧桑湮湣，歧说另出，千里嵌漆之大量仿品与真品，亦似鱼目混珠，致士禛之说渐被摒弃，且被今人断判为误。不意三百年后，实据复见于世，品质绚美，俨然真相，与士禛之说互为犄角，两相参证。析剖籍载，审器辨款，若所推论不谬，则千里姓氏，似宜从士禛《池北偶谈》"姜"姓之说。

"姜千里造"款漆器补证

拙文《千里姓氏考》于《收藏》杂志二〇一二年七月号上删节刊出后，近检南海百壶山馆主人李景德与顺德碧山壶馆主人张虹刊于民国二十五年之《阳羡砂壶图考》，此书为近世砂器考据记载之重要著作，其"待考"一章中记"姜千里"一条如下：

寒琼《牟轩边琐》曰：以砂壶制胎而外嵌螺钿或雕漆者，真希世之珍也。姬人月色少时曾在陈昭常简持宠姬处（鹿鸣庵尼耶须）见一方壶，内紫砂胎，底钤"鸣远"印，篆书阳文，甚精劲；外黑漆嵌螺钿，流与鋬两面作折枝花分布，螺钿深碧浅红之色作花叶，备极巧思；左右两面嵌人物，似是《玉簪记》"偷诗""茶宴"两故事，几案屏帏文房珍玩亦分选螺色配成；壶盖作汉方镜花纹，尤为古雅，底铭印章曰"姜千里造"，小楷，瘦金书，想必千里构思定制，倩鸣远造壶也。又一壶，白埿胎，外涂朱红雕漆，仿古提梁卣，雷纹极精细。此壶犹存简嬖妻弟张某处，惟螺钿壶则不知流落谁家耳。

《牟轩边琐》今已佚。著者蔡寒琼（1879～1941）名守，广东顺德人，曾任护法军政府秘书长，晚年于南京博物院任书画考鉴之职，乃一富藏精鉴，工书擅印之南社名士。《阳羡砂壶图考》张虹序云："我国壶艺之谈，自朱石楳而后，声沉绝响者凡百余载。予夙好斯道。年来岛居多暇，从事搜罗，凡朋侪之夙嗜庋藏者如蔡寒琼、区梦园、唐天如、潘兰泉、李凤廷、邹静存、叶次周、李凤坡诸子，咸互相过从，煮茗观摩，扬扢斯艺，或邮筒相寄，阐秘探奇，壶天岁月，送老消闲，几忘人世间之理乱也。"又云"上述诸子贶我良多，蔡子寒琼搜集尤富，此编者不敢掠美者也"。如是，寒琼亦是陆卢烹茶沦茗一流人物，且是藏壶家。

姬人月色，即谈月色（1891~1976）名溶溶，广东顺德人，弱龄时即因生辰（亥时）谐音不吉而被送入广州檀度庵为尼，乃民初书画印三绝之妙尼才女，与寒琼相恋，因还俗嫁寒琼为姬妾。夫妾谈书论诗，治印品茗，人目之如赵明诚、李清照故事。

陈昭常（1868~1914）字简持、简墀，广东新会人，光绪翰林，吉林巡抚，民国后任吉林都督，又改授广东省民政长。简持原配欧阳氏早亡，续弦继室张氏（故《牟轩边琐》云"简墀妻弟张氏"），又多纳姬妾。《牟轩边琐》所指简持宠姬，或指其第九妾，即广州西关静修庵妙尼药傅，然其旁注"鹿鸣寺尼耶须"，则似谓此姬有鹿鸣寺背景。鹿鸣寺在河南固始西九华山，自明初建寺，即为一处僧尼共寺之庙宇。或昭常九妾药傅早年出身鹿鸣寺，或其众妾中除九妾药傅之外，更另有妙尼出身者？俟考。纳娶尼庵妙尼为姬妾，乃当时广东显达名流习气，此与晚清民国时广州之"师姑厅"游冶风俗有关。

至此，《牟轩边琐》语涉诸人，一一落实不虚，故所记绝非酒茶闲余、随风唾散之言。且月色亦曾为尼，后为人妾，与简持宠姬境遇相似，或竟是当年槛外妙尼密友亦未可知，自是情同意近，故能与之出入厮接，亲观其起居器用。月色向寒琼忆述"姜千里造"款螺钿嵌方壶之语，言之凿凿，当属可信。

今故宫博物院藏有剔红壶一只，其胎紫砂，为时大彬制，故漆砂名人合作并不鲜见。以艺事而言，髹漆之壶，漆为主，胎为辅。鸣远成名及生卒年限，据近世考证，似亦应不出康熙年间。故姜千里以前辈名家，倩后起之秀鸣远为其制紫砂壶胎，而非相反，实属合情合理。姜千里既曾与鸣远联袂制此螺钿嵌紫砂胎壶，则千里生存活动时间之下限，亦入康熙间也。

鸣远既与姜千里相识，则两人相识之人亦可能周转相识。生于康熙元年之诗人汪柏文（1662～1722）与鸣远为知交，尝作长歌《陶器行赠陈鸣远》一首以赞之。歌中有"我初不识生，阿髯尺素来相通"一句，则知柏文与鸣远相识乃经由名诗人陈维崧（1625～1682）之介绍（阿髯即陈维崧。据《清史稿·陈维崧传》："维崧清臞多须，海内称陈髯。"又《国朝先正事略》云其胡"浸淫及颧准，士大夫号陈髯，由是陈髯之名满天下"）。而陈维崧，恰与最早记录姜千里姓名及技艺之渔洋山人王士禛为诗中二友，从定交扬州至宦会京华，惺惺赏惜，唱和不断。就此，颇觉维崧与千里，士禛与鸣远、千里，亦有可能直接或间接相识。至少，北人士禛有南方友人如是，彼此顾问，记姜千里姓氏，难得舛错。

犹可贵者，虽是壶实物已天壤不知所终，然《牟轩边琐》描绘是壶之器形、胎体、螺钿嵌漆分壳设色、款识，细谨而令人历历可见，与"姜千里造"款黑漆嵌金银螺钿山阴逐猎图圆盒艺术手法一致，款字亦一字不差。如是，"姜千里造"螺钿漆器又增一可视为"下真迹一等"之口传实物，足资佐证姜氏嵌漆风格、款字并由此证其姓氏。

惟《牟轩边琐》所记款识字体与山阴逐猎图圆盒铭款篆楷有别，且云楷为瘦金体，似与历来匠家铭款风习不合。瘦金体鹤势螂形，于瘦肢开张中见秀逸，实不宜为款体，故疑或月色所忆有差，或寒琼所记有误。月色本人极擅瘦金书，又据山阴逐猎图圆盒之款，千里属款嵌用黄金，故所忆所记之差误或出于此两端。

姜千里与江千里——千里姓氏再思考

近世学人中，其研究范围曾关涉千里姓氏者，迄今凡三家，王世襄先生其一，屈志仁先生其二，笔者以晚生末学忝列其三。

屈氏之论，尚在泛泛模棱、莫衷一是之间。世襄先生与笔者，则言各有据。世襄先生谓乃江千里而非姜千里，所据有阮葵生等笔记与故宫博物院藏"江千里式"云龙纹盒；笔者则以为必是姜千里而非江千里，所据则王士禛等笔记与"姜千里造"山阴逐猎图圆盒及寒琼月色《牟轩边琐》中"姜千里造"紫砂胎嵌漆壶之记述。持论虽两异，所循思路则实同：即晚明清初螺钿嵌漆大师中只有一位千里，或姜氏或江氏，非此则即彼，二者必居其一。

世襄先生著书论说，时在三十年前，当时缘何而闻知竟有"姜千里造"圆盒存世，故不可苛求。倘先生得见此盒，必欣欣然修正己说。故笔者仍坚信，此段公案若必以非此即彼为结论，则哲匠之名必是姜氏千里。

然拙文《千里姓氏考》发表至今，仍有疑云挥去复来。故宫博物院藏"江千里式"云龙纹盒与英伦莫氏藏"江千里制"西厢记故事盘，均乃传世实物，不可回避。前者虽可确定为琉球漆匠或名或号曰"西白"曰"星贡"者所制，然非千里手制，并不等同其所铭"江千里"之姓氏必误。试问：彼琉球匠师亦是漆艺高超之辈，必为久在漆业之行当里手，既遵奉千里制艺之式，何以竟将师祖姓氏错混且认认真真铭于盒内？再观后者，以其漆艺之精湛，匠手足以自成一家，大可自属其名而了无愧色，如此则贸利更丰，何以竟冒属他人姓名，且竟不知其真姓而贻笑大方？文物考鉴，实物证据，重于一切。如此看来，明清漆艺史上之螺钿嵌漆大师，除姜千里外，亦应有江千里其人。

复检阮葵生、刘銮两家之说。彼辈晚于士禛，假如只有一位千里，而士禛所记在前，若以为准确，彼辈当沿袭之，若以为士禛所记有误而己说是准，依清代学人好指辨前人谬误之学风习惯，自当说明，然却将士禛之说置若罔闻而不置一词，自是不以士禛之说为误，亦不以己说为有误。拙文《千里姓氏考》尝对此存疑，惜当时并未深究。而今深思之，阮刘如此不辩不驳，径出另说，且刘銮提及江千里招徒授艺之细节更为士禛所未及，显然另有所查，别有所据，似与士禛之说不相干系。因此，阮刘两家所指之江千里与士禛所指之姜千里当同为嵌漆名匠，异姓而名，并非同一人也。

《扬州府志》所记"家家杯盘江秋水，查二瞻"一联，二瞻乃查士标字号，依书联对仗习惯，秋水亦应是江氏字号，故极有可能即是江千里。若是，《扬州府志》明言其乃康熙时人。正如拙文《千里姓氏考》及《千里姓氏补证》所言，从姜氏千里传世作品之题旨与风格并"造"字款识及曾与陈鸿远合作制器而推断之，其生活时代当为晚明清初人，成名自早于成名于康雍时之江氏千里。正因此，初记姜千里姓氏者为晚明清初人王士禛，初记江千里姓氏者则为乾隆时人阮葵生，实是理所应当。而据前析传世实物，即"姜千里造"山阴逐猎图圆盒与"江千里制"西厢故事圆盘所含信息，前者之纹饰款识具有晚明清初之风格，而后者之纹饰款识具有雍乾风格，更足引为姜先江后、史上俱存之有力证据。

今人体验今生今世，以亲身之故，颇能领教大千世界之深浅造化、怪奇无穷。而今人以今眼遥观史海烟云，则不易感同深悟，兴言持论往往流于浮薄疏简、轻率草营。千里姓氏考辨即为一例。古往今来，同姓同名同业者多矣，更何况同业中异姓同名者！今人如笔者等，只见今日之"张建国""李建国""孙小刚""赵小刚"之不胜枚举，却不信当年漆艺名家中即有姜千里，亦可有江千里。非此即彼之思路，实在有失偏颇矣！

由此反溯，拙文《千里姓氏考》及《千里姓氏补证》两篇，若仍存学术价值，则一在公布"姜千里造"款螺钿嵌漆盒实物并据之论证王士禛笔下之漆艺名匠姜氏千里之确存及其所属年代，二在论定故宫博物院藏"江千里式"螺钿嵌漆盒乃琉球漆艺高手作品而非江氏千里手制也。

附记：《千里姓氏考》一文写毕于辛卯深秋，发表于壬辰仲夏，之后又有《千里姓氏考补证》。至《千里姓氏再思考》动笔及完稿，上距《千里姓氏考》已近一年。此次刊印，本可打碎三篇，取舍剔存之后揉捏重塑成一篇，然如此似有涂抹矫装、文过饰非之嫌，因而保存三篇本来面目，仍依原来写作顺序刊出。虽一波而三折、后存其是而前存其非，读者依次读之，却庶几可见文物考据之难哉，存是求真之难哉！

壬辰秋识于竹深月静窗前

重审"古月轩之谜"

噫吁嘘古月轩之名大乎哉！自晚清赵之谦撰《勇庐闲诘》见载以来，迭经鉴古界钩沉索隐、渲染铺陈而至于今，古月轩器物已成清代鼻烟壶及康雍乾珐琅彩瓷研究中一道无解谜题。其扑朔迷离甚至趣动国际间，欧美中国文物学者中，或段落短章或长篇大论，冀图破解而一试身手者，颇不乏人。惜自赵氏之后，凡置喙此题之中外诸家，虽有一二持论平正，却难息众口，大多仍始于条列前说，终于莫衷一是，或牵强定论，亦是闻传辗转、乖谬相引，虽怀搅捞水月之心，却得乱象再添之实。

古月轩之谜，从缘起至迷漫海内外，历经同治、光宣、民国、现代四个时期，探索波潮逐趋缓静，盖识者皆知其可推度而不可彻解矣。然时至今日，遍览现存朝野档案载记及比较海内外公私藏品之可能性，却前所未有之大。夫欲最大限度接近古月轩之真面目，或曰做出尽可能合理之推度，撇去浮沫，梳本清源，比照实物，或是可依偱之门径。

同治时期

据《勇庐闲诘》所冠祁氏之序文，是书动笔于同治三年（1864），写毕于同治七年（1868）。考《勇庐闲诘》问世前之朝野文献，经近百五十年来历代文物界千百法眼搜寻，未见任何有关古月轩之载记，故赵氏乃首记古月轩之人。

鼻烟壶初制，比古药瓶式，故呼为瓶，后惟称壶。壶皆以五色玻璃为之。渔洋所称白如水晶、红如火齐者也。时天下大定，万物殷富，工执艺事，咸求修尚。于是列素点绚，以文成章，更创新制，谓之曰套。套者，白受采也。先为之质，曰地。地则玻璃、砗磲、珍珠，乃白色明玻璃，康熙中制有之，后不复见。其后尚明玻璃，微白，色若凝脂，或若霏雪，曰藕粉。套之色有红有蓝。汉军闫研芗太守为余言：康熙间套红蓝壶，今仅存者，俗称三十六天罡，希世珍也。余居京师近十年，见红者二，蓝者一，其言非虚。有绿黑白，白者或蓝绿地，或黑地，无红地者。套蓝有红地，然不多见。更有兼套，曰二采、三采、四采、五采或重叠套，雕镂皆精绝。康熙中所制，浑朴简古，光艳照烂如异宝。乾隆以来，巧匠刻画，远过詹成。矩凿所至，细入毫发，扪之有棱，龙凤盘螭，鱼雁花草，山川彝鼎。千名百种，渊乎清妙。凡所造作，或称曰皮。最著者曰辛家皮。辛家皮最精洁，其色屑珍宝为之，光采夺目。勒家皮，藕粉地，若冰雪，设色亦异，红紫苍翠，天然间迭。袁家皮，与辛家皮相近。别有古月轩，地则车渠，亦具五色，上为画采，间书小诗，壶足题古月轩，其题"乾隆年制"者尤美。又有雕镂仙山楼阁珍禽异兽，点缀五色，如星在天，曰桃花洞。①

此段通篇言鼻烟壶门下之玻璃料胎类鼻烟壶。据上下文理，赵氏所云古月轩，显系玻璃料胎鼻烟壶中之彩绘鼻烟壶。此其一。而所云桃花洞，或指玻璃料胎鼻烟壶中之雕镂彩绘鼻烟壶，或据晚清周继煦《勇庐闲诘评语》，当为桃花冻，"系明净玻璃内洒红蓝点者"，总之与康雍乾三朝宫制玻璃料胎或瓷胎珐琅彩器物并无关涉。

依赵氏所记，古月轩鼻烟壶属"古月轩"或"乾隆年制"两种款识，除提及属"乾隆年制"者较属"古月轩"者"尤美"之外，未言此二者属民造或宫制，或民

---

① 赵之谦：《勇庐闲诘》，《丛书集成初编》附本（据仰视千七百二十九鹤斋丛本印），商务印书馆，上海，民国二十六年初版（1937）。

造宫制均有之。此其二。

赵氏记述粗略，歧意散漫，并非严谨学术著作，但可感知当时于古月轩鼻烟壶并无甚悬念疑义。故明确上列两点，于考查后世古月轩之名之膨扩漫用，尤为重要。

光宣时期

震钧《天咫偶闻》[②]作于光绪二十九年（1903），其卷七《外城西》记：

> 近来厂肆之习，凡物之时愈近者，值愈昂。……至于瓷器，康熙十倍宣成，雍乾又倍康熙，而道光之"慎德堂"一瓶，至数百金。又有古月轩一种，以料石为胎，画折枝花卉，绝无巨者，瓶高三寸，索值五百金，真瓷妖矣。

就"至于瓷器"及"真瓷妖矣"两句言之，震氏将古月轩归于瓷器门下。然其描述"以料石为胎，画折枝花卉"，则实际仍是采画玻璃料胎器，惟其所记器形为小瓶而非鼻烟壶。

富察敦崇《燕京岁时记》，[③]摭录皇城风俗民情，刊行于光绪三十二年（1906），其"厂甸儿"一节云：

> 儿童玩好在厂甸，红货在火神庙。珠宝晶莹，鼎彝罗列，豪富之辈，日事搜求，冀得异宝。红货之内以翡翠石为最尊，一板指翎管，有价至万金者。翡翠之外并重料壶，然必须官窑古月轩者方为上品，新料不足道也。

② 震钧:《天咫偶闻》,甘棠转舍本,光绪三十三年（1907）。

③ 富察敦崇:《燕京岁时记》,北京出版社（据光绪三十二年原刻本重排）,1961年,第50页。

《天咫偶闻》（1903）与《燕京岁时记》（1906），分别问世于《勇庐闲诘》后三十三年及三十六年，两书反映出当时对古月轩器认知归类之变化。富察氏"官窑古月轩"之称谓，与震氏所记"料石为胎，画折枝花卉"之古月轩小瓶，标志"古月轩"一词已开始背离赵氏同治间之最初记述：视官窑与古月轩为一体同物，于光绪末年已然成为厂肆和藏家通行观念；虽尚未如后来所见蔓延至御制珐琅彩瓷器，却已跨越民坊玻璃料胎采画鼻烟壶界域，将宫制玻璃料胎鼻烟壶及一般玻璃料胎器如小瓶等划归名下。

陈浏《匋雅》一书刊于宣统庚戌（1910），却有光绪丙午自序（1906），故写作当与《咫尺偶闻》《燕京岁时记》两书同时。④

《匋雅》卷上二十一："康熙御制款小饭碗，款系红紫天青湖水各色，四字堆料，笔法整饬，古月轩款所由昉也。碗地各色俱备，而以粉红淡黄天青深紫为最娇美。碗上夹绘彩花，有四巨朵者，有整枝花朵者，价颇不赀，所谓夹彩者也。其花朵中嵌有万寿长春等字者，价为之稍减，近亦不能多觏云。"

《匋雅》卷上二十二："有一种采盘直径不及尺，四围绝宽展，高约二寸强，系淡色胭脂水，细腻熨帖，极平而极匀，在雍正朝，宜准为特色。每盘亦各画鹌鹑梅竹之属，红碧鲜艳，望而决为宪庙时代物，余自睹眼力，百不失一，瓷界推为名宿者也，及翻觇款识，则天青堆料，乾雍年制四字，书法工整，与雍正精绘之杏林春燕碗款字，正复相似，所谓古月轩料款者也，翻覆端详，不禁骇叹。……此种彩盘，当是世宗末年造坯绘彩，迨纯庙临御，始填款耳。"

《匋雅》卷上二十六："在康熙曰硬彩，曰青花……在雍正曰美人祭，曰胭脂水……在乾雍曰古月轩料彩，曰古铜彩，曰窑变。"

④ 陈浏：《匋雅》，寂园丛书——卷二至卷三，宣统二年（1910）。

《匋雅》卷上二十八："乾窑萝卜尊，式样绝佳。高不及尺，上画水仙天竹豆月季腊梅之属，月季含苞吐萼，秀美天成，底系乾隆年制四字，为堆料篆款，画笔亦与古月轩无异。古月轩之小瓶。才二寸耳，花彩颇相若，价亦不赀。（详见世界瓷鉴）"

《匋雅》卷下十六："乾隆古月轩料器，彩画之工，旷世一遇。若瓷器之填料款者，亦只曰仿古月轩款耳，不必其轩中藏庋之品也。"

《匋雅》卷下三十七："古月轩所藏之套料鼻烟瓶，款皆乾隆年制字样，其直题古月轩款者，赝鼎也，料款之瓷皿亦然。"

《匋雅》卷下四十二："采碗之奇者，曰彩夹彩，曰两面彩，曰料款之古月轩彩。……轩中藏弄之烟壶料款，亦分年号，大抵皆乾隆年制也。初不直题为古月轩制，其直题为古月轩者赝也。"

《匋雅》卷下四十八："乾隆朝画古月轩彩之金成字彤映者，亦人名耶，有脂水小篆印文在。"

陈氏《匋雅》自序中云"是书体例芜杂"，确非自谦。条理其关涉古月轩之辞，其含义如下：

（一）古月轩彩抑或古月轩料彩，为雍乾两朝特有。其料款风格源自康熙御制堆料款。

（二）古月轩乃乾隆轩名，轩内庋藏古月轩彩器物如彩画料器，如套料鼻烟壶等。

（三）古月轩藏鼻烟壶，皆为"乾隆年制"款，无论鼻烟壶抑或料款瓷器，凡属古月轩者均为赝品。

（四）乾隆朝画古月轩彩者名金成，字彤映。

据陈氏所述古月轩器画彩款识之大致及画者姓字，可知其所谓古月轩，实即宫档中所称瓷胎画珐琅与玻璃胎画珐琅器。是类御物，大多数为雍乾两朝制作，自乾隆三年起陆续制匣，藏于乾清宫之端凝殿小库中。缘何谓古月轩确有其轩且代属乾隆？缘何以古月轩料彩统称之？《匋雅》于此，未道其所以然。

民国时期

许之衡《饮流斋说瓷》，刊于民国十三年（1924）。[5]

《饮流斋说瓷·三十六》："古月轩彩为有清一代最珍贵之品，价值奇巨，而同时仿者，值亦相等也。古月轩为内府之轩名，当时选最精画手为之绘器，所绘有题句，上下有胭脂水印章，引首印一文曰佳丽或曰先春，下方印二文曰金成曰旭映，大抵即绘画之人名欤？当时所制不多，同时即须饬工仿制，故仿古月轩彩者亦系乾隆之物，其价略与之相埒。若直书古月轩三字者，乃属后来伪制，而近亦罕见，故精者亦颇不赀也。"

《饮流斋说瓷·三十七》："或谓古月轩乃胡姓人，精画料器，所画多烟壶水盛等物，画工之精细一时无两，其曾否画瓷器未可臆断，而乾隆御制乃取其料器精细之画而仿制入瓷耳。又谓胡氏之款凡三种，有古月轩三字者，有乾隆年制者，有大清乾隆年制者（皆指料器而言），是有古月轩三字者亦非伪证，与前说异。然谓为精画料器则甚有据，谓为胡姓人者则又传闻异词矣。

至市人，凡属堆料款之器，无论康雍乾诸朝，概谓之古月轩。其说则谓历代此种最精之瓷品藏庋于此轩，故以得名也。

是古月轩凡三说：一谓古月轩属于乾隆之轩名，画工为金成字旭映者也；一谓古月轩系胡姓人精画料器，而乾隆御制瓷品仿之也；一谓古月轩为清帝轩名，不专属乾隆，历代精制之品均藏于是轩也。三说者所闻异词，所传闻又异词，要之无论其孰确，一言以蔽之，则凡属堆料款，画极精细而饶有清气往来者，皆为最名贵最瑰宝之品也。"

---

[5] 许之衡：《饮流斋说瓷》，上海朝记书庄，民国十三年（1924）。

当时人杨啸谷与《匋雅》著者陈氏及《饮流斋说瓷》著者许氏均有交往，其《古月轩瓷考》中云：

案《饮流斋说瓷》系番禺许君之衡字守白所著，而江浦陈公浏字亮伯者则谓其剿袭伊稿，居然风行一时，证以许君自题诗六十均（韵）曰结习痼成癖，嘤鸣道不孤。近邻寂园叟，时过斗杯庐。盖寂园为陈公别号，尝作斗杯堂诗并约人斗杯以为胜负，既称近邻，又属时过，伊曾见匋雅底稿无疑。果说瓷为剿袭，则陈公说古月轩已误，许君乃踵误之。

无论许书抄掠陈稿属实与否，两相比照，陈许两家古月轩之说确实大同而小异，许氏所新添者，惟古月轩源自精画料器之胡姓轩主一条。

民国二十年（1931），商务印书馆《辞源续编》"古月"条：

俗称胡字为古月胡，其例甚古。晋书"苻健"载说"古月这之末乱中州"，指五胡乱华。李白诗："狂风吹古月，窃弄章华台。"清乾隆御窑之古月轩，亦以胡姓为名。

同书更专有"古月轩"条：

清乾隆时苏州人胡学周在苏自设一小窑制瓷瓶烟壶等甚精美，自号古月轩主人，乾隆南巡，见而好之，因携之至京，使管御窑，仍用古月轩之名，尤以鼻烟壶著称，今每具直数千金。

《辞源续编》于"古月轩"之解释，显然以陈氏《匋雅》与许氏《饮流斋说瓷》为立论支托，惟细节更形具体。商务印书馆之《辞源》系列，自民国四年问世以来，向被同代人视为极权威之辞典，绝非私家个印小册所能比拟。民国三十一年（1943）出版并再版之赵汝珍《古玩指南》论及"古月轩"，无出新解，惟一注明所引用之参考书即《辞源续编》，并云"此说似可信"，足见其影响之大。而"古月轩"一词，从赵氏初谓玻璃料胎画彩鼻烟壶，经六十余年之蹿跃升腾，至此似已来路厘清，传闻坐实：乃源自民间、纳入清宫，为康雍乾御窑珐琅彩器物之统称。

然而，当时亦有大呼异议者。民国二十二年（1933），学人杨啸谷所刊《古月轩瓷考》一书云：

> 古月轩如是乾隆轩名或清帝轩名不专属乾隆，今故宫已全开放，热河奉天两行宫亦可入观，圆明园图说具在，颐和园久任人游，余不惮遍索，实无古月轩名，始知耳闻著书与著书太快，或不晚岁定稿出书太早，均有此失。至云胡姓人精画料器而乾隆御制瓷品仿之，尤为无稽。清初名人帝京笔记从示只字提及，忽百余年后有此传说，非琉璃厂肆贩夫之造谣，即烟袋斜街冷摊之设谎，以之入书，俨成故实，再百余年后以讹传讹，必有据为典要矣。爰考承乾宫中所陈列古月轩瓷不下五十余品，乾隆时原有标识咸称瓷胎画珐琅……陈许相沿，武断欺人，不能遍窥大内秘器，欲以处炫为独得之奇，不知承乾宫有开放之一日，而留心又有如余，竟发其覆，直指其非……⑥

另一异议者，即大名鼎鼎之觯斋郭葆昌。其民国二十四年（1935）刊《瓷器概说》中"珐琅彩"一节曰：

> 清代瓷器中有一种至精极美驰誉寰宇之品，而其名沿讹袭谬积重难返者，即世所称古月轩器是也。

⑥ 杨啸谷：《古月轩瓷考》，雅韶斋刊本，北平，民国二十二年（1933），页四至页十。

考此类彩瓷，虽端于康熙二十年后臧应选督造之时，器之彩色绘画款式，悉照康熙御制铜胎珐琅，宫中档册则书瓷胎画珐琅，乾隆八年后改书瓷胎洋彩。雍正六年以后、乾隆十八年以前唐英督造时，此类彩器益加精进，沿用其法而加以运化，变板滞为生动，更多以我国赭墨等色，补所不足，彩色衬托益觉鲜明，英卒后遂成绝响矣。器底款字，康熙器为宋体"康熙御制"四字，以洋红或蓝料书之，字皆凸起，亦有楷书"雍正御制"及"大清雍正年制"青花款者。乾隆则皆蓝料凸起宋体书"乾隆年制"四字。此种彩画，不独施于瓷器，后来玻璃器亦用之。乾隆御用器物中有玻璃质小品鼻烟壶之属，当日造办处奉命所制，纯用珐琅彩瓷彩画方法，盖从瓷器推而广之者，底款皆楷书"乾隆年制"四字，极工整，用蓝料写者凸起，用油红写者与器底平。故宫有一玻璃小瓶，彩画题句悉与珐琅彩瓷温壶相同，而精工有所不及，底刻宋体"乾隆年制"四字，亦希品也。珐琅彩瓷器，故宫所藏品类极多，玻璃器则鼻烟壶居多，器底款字皆不出上述范围，无署"古月轩"款者。

至于古月轩，遍访现存宫苑，如故宫、三海、颐和园，以及热河避暑山庄，未之见也。又稽诸载籍之有关已毁宫苑如畅春园、圆明园等者，又未之见也。高宗集内于所有各处宫殿题咏贻遍，乃仅有眉月轩、待月轩，而无古月。可见宫苑之内无此轩名，否则高宗不应独遗之也。然"古月轩"款字，乾隆时实有之，唯是玻璃器而非瓷器，且为私家款而非进御物耳。此类之器，亦一种玻璃质小品鼻烟壶，原质彩画与乾隆款字者无少异，器底泥金楷书"古月轩"三字，亦出当日造办处所制，盖当时亲贵或内务府权要用器，不书"乾隆年制"者，以非皇家所御也，款书古月轩者，所以自玩也。能使令造办处为之制器，非亲贵或内务府权要，孰具此权力哉。古月轩器与珐琅彩瓷器虽彩画相埒，而胎质款字则如风马牛之不相及。

然珐琅彩瓷器乃转以古月轩为名者，盖亦有故。缘珐琅彩瓷器皆出特办之物，专供御用，早岁外间莫获见之，而古月轩款字之玻璃质器，既为私家制品，不免流转市尘,无以名之,则因其款字呼古月轩器而已。及咸丰十年后,内廷珐琅彩瓷器亦有流出,见者因其彩画与古月轩款之玻璃质器相类也,则推古月轩之名以名之,而古月轩名以立。从此以讹传讹,珐琅彩本名转为所掩矣。⑦

郭氏曾任故宫博物院专门委员会委员、陶瓷馆馆长,除著有《瓷器概说》外,另有《唐俊公先生陶务纪年表》《清高宗御制咏瓷诗录》《校注项氏历代名瓷图谱》《宋广窑琴考》《觯斋瓷乘》等瓷学著述图录辑集行于世,其中《唐俊公先生陶务纪年表》与《清高宗御制咏瓷诗录》两种,非尽览雍乾宫档与乾隆御制题咏文集者不能藏事。更奇属异数者,其早年出身京城德聚成古玩铺学徒,显达之后竟任洪宪御瓷之陶务监督,学识、实践加财力,遂成一代陶瓷鉴藏大家。其古月轩之论,必乃借督窑御瓷、任职故宫之便利而查阅宫档、观察宫藏、踏访宫苑、稽览相关诗文典借之心得而成;而其乾隆时私家之制实有古月轩玻璃料器一说及古月轩大名缘何因讹以立之推断,当本自其古玩从业之阅历经验。

郭氏"及咸丰十年后"一段,论尤精当稳妥。盖是年英法联军焚劫圆明园,《勇庐闲诘》成书之同治初年,距是年不过数年光景,流入民间之大内珍瑰,赵氏未必得见,故其所记之民坊古月轩玻璃料胎彩画鼻烟壶,应乃古月轩品态原貌,不妨称之为"本真古月轩"。待震氏、富察氏、陈氏、许氏著书之光宣民初,古玩厂肆与藏家得识大内流珍之机会较前稍多,见雍乾御制珐琅彩器之彩画、题诗、款字之特点,与赵氏记述之古月轩约略近似,遂未究底细而附会反套,误传泛滥,人转信以为真。琉璃厂书贾老人孙殿起之《琉璃厂小志》后附录《海王村游记》尝谓"乾隆料彩……白料之花彩者,即为古月轩珍品",可为厂肆坊间观点之一证。⑧

⑦ 郭葆昌:《瓷器概说》,觯斋影印本;北平,民国二十四年(1935)。
⑧ 孙殿起:《琉璃厂小志》,北京古籍出版社,1982年,第508页。

郭氏言古月轩为私家款，乃真知灼见，却谓乃宫中造办处为当时亲贵或内务府权要制器，则查非史实。雍正十一年二月初七日，帝曾就造办处应承各宫"擅自传做"活计及造办处匠役"私做活计"降专旨严禁。⑨乾隆帝御下更严。量彼"亲贵或内务府权要"必不致、亦不敢因小玩而犯大禁也。

读《天咫偶闻》与《燕京岁时记》，知震氏与富察氏属究心熟谙琉璃厂甸之人；《匋雅》之陈氏，据其记购藏于宝珍、英古两斋事，亦古玩坊肆常客；《古玩指南》之赵汝珍，更是萃珍斋古玩铺店东。以上诸人及撮集陈氏、许氏两家言之《辞源续编》关涉古月轩之阐解，或只言片语、简述白描，或凌乱重复、语焉不详甚至首尾不能相顾，文据物证则付之阙如，因此与其云历年研究进展之体现，毋宁曰晚清民国古玩庄铺与藏古者于古月轩见闻传谈流辞演绎之折射。

后郭氏古月轩之论渐为世所接受。近半个世纪之后，《辞源》一九七九年修订版之"古月轩"一条，已尽削前词，曰："清代珐琅彩器物通用的专名。有瓷胎、料胎（即玻璃胎）、铜胎、金胎之别，尤以瓷器最为名贵。始于康熙时仿西欧珐琅器，故名珐琅彩。雍正乾隆时，制益精美。古月轩本为当时豪富家仿制私款，后来内廷的珐琅彩器散出，见者以与古月轩仿制品相类，转以古月轩作珐琅彩器物的代称。"此实即郭氏之论也。再中国陶瓷研究之里程碑之作《中国陶瓷史》（中国硅酸盐学会编，文物出版社，1982年初版）亦认同之曰："珐琅彩瓷器是清代康熙、雍正、乾隆三朝极为名贵的宫廷御器，过去俗称'古月轩'瓷器，但是在清宫中并无'古月轩'之名，很可能是讹传。"⑩

虽李戴张冠之误，然无论郭氏杨氏均接受这一事实，即古月轩已成古玩界乃至文博界清代珐琅彩器物之统称代名。如王世襄先生回忆抗战后接收逊帝溥仪遗留于

---

⑨　见《清宫内务府造办处档案总汇》第五册，第629页。

⑩　冯先铭等主编：《中国陶瓷史》，文物出版社，1982年，第425页。

天津张园之文物珍品，记其中有"古月轩珐琅烟壶"，当即是乾隆宫制玻璃料胎珐琅彩鼻烟壶，可见约定俗成之影响力。

现代时期

二十世纪四十年代末，神州政权鼎革，文化新旧颠覆。议论古月轩之声，本土寂响，惟时闻于海外。

英国《东方艺术》（1949～1950冬季号）刊登二十世纪上半叶英伦中国陶瓷收藏巨擘达维德爵士之夫人哈尔蒂（Sheila Yorke Hardy）所撰文：《古月轩，新之假设》，将此前诸家、包括1931年《辞源续编》之说综而述之，虽于中国文物界早属旧传，却是首次于国际权威性学术刊物上将古月轩谜题介绍给欧美中国文物学界。⑪

此后，英伦学者汉斯福德（S.Howard Hansford）之《中国艺术与考古术语汇编》一书（1954）、詹因斯（Soame Jenyns）之《晚期中国陶瓷》一文（1959）及美国学者易理（Sherman E. Lee）之《远东艺术史》一书（1973），均论及古月轩，大抵认同郭氏之说，以为古月轩当初仅指玻璃料胎彩绘鼻烟壶，后因传说而膨扩误用。至于清宫中是否有古月轩，汉、易两书推测或已毁于地震或火灾。⑫

《国际中国鼻烟壶学会会刊》（*Journal of the I.C.S.B.S,* 1978 June）一九七八年发表英伦鼻烟壶研究者莫士拗《古月轩类画珐琅玻璃器》（*Enamelled Glass Wares of the Ku Yueh-Hsuan Group*）一文，近似郭葆昌之论，谓属古月轩款之器乃一七七〇

⑪ Sheila Y.Hardy: *Ku Yueh Hsuan, A New Hypothesis*, pp.116–125; *Orienta Art* V.2, No.3 (Winter 1949～1950).

⑫ S.H.Hansford: *A Glossary of Chinese Art and Archaeology*, p.83; London, The China Society, 1954;
S.E.Lee: *A History of Far Eastern Art*, p.460; New York, Harry N.Abrams Inc.1973.

年至一八五〇年间北京私家玻璃料器作坊为豪贵人家所制。此文以分析归纳存世实物为突破口，洵为有益尝试。⑬

台北故宫博物院于一九九一年出版《故宫鼻烟壶》，前有张临生《本院收藏的鼻烟壶》一文，其注释44引清宫造办处档案中雍正七年四月十七日圆明园来帖，云："雍正皇帝令海望在玻璃器胎上画的珐琅彩画、字款、图章即是日后所谓'古月轩'，由文中口气看来，雍正七年春正是尝试开发阶段。"然其"那么，如果我们认为'古月轩'必有来历，则今后探寻的路子当从海望下手"之指引，却未免信口随意、有欠严肃。⑭

一九八一年，中国圆明园学会筹备委员会所编之会刊《圆明园》第一期，登载何重义、曾昭奋所作"圆明、长春、绮春三园总平面图"（81页）。据此三园总平面图及附录《圆明长春绮春三园园林建筑景物名录》（91页），长春园之鉴园内居然有一"古月轩"。此三园总平面图绘制于一九七九年，标明"本图根据一九三三年及一九六三年地形图、《钦定日下旧闻考》《圆明园四十景图咏》等相关图、书、文献资料并对遗址进行全面踏勘和局部测定后修订制成"。然考上列图书文献，未有提及古月轩之处。⑮

一九九五年，何、曾再次联袂出版之《圆明园园林艺术》一书（科学出版社）则出现差错，名录中长春园内之鉴园及古月轩已移至绮春园（122～123页），而在介绍鉴园之文图部分（412页），则仍称"鉴园在长春园东门（也叫东大门）内往南一百多米处"，而图5-29"鉴园平面图"第六号建筑，仍标明为古月轩。⑯

至关重要者，无论一九八一年刊出之《圆明、长春、绮春三园总平面图》及附录或一九九五年之《圆明园园林艺术》，均未对何以将古月轩列入图录提供任何具

---

⑬ Hugh Moss: *Enamelled Glass Wares of the Ku Yueh-Hsuan Group*; Journal of the I.C.S.B.S, 1978 June.

⑭ 张临生：《本院收藏的鼻烟壶简介》，见《故宫鼻烟壶》，第23页；台北故宫博物院，1991年。

⑮ 何重义、曾昭奋：《圆明、长春、绮春三园总平面图》及附录《圆明长春绮春三园园林建筑景物名录》，见《圆明园》1981年11月第一期，第81页、第91页；中国圆明园学会筹备委员会编，中国建筑工业出版社。

⑯ 何重义、曾昭奋：《圆明园园林艺术》，科学出版社，1995年，第122～123页、第412页，图5-29"鉴园平面图"。

体图绘或文献加以说明。

何、曾俱为古建筑学者,恐并不知晓,于清代珐琅彩瓷、玻璃料器及鼻烟壶制作史研究中,小小古月轩之有无,向处争议之要冲。海内外关注古月轩谜题者亦未注意是刊是图是录乃至是书之发表。直至十七年后之一九九八年,香港中文大学文物馆出版《御堂壶珍——诵先芬室藏清代宫廷鼻烟壶》一书,内有该馆馆长林业强(Peter Y.K.Lam)《清代宫廷鼻烟壶堂名考》一文,论及古月轩时,在转录郭葆昌《古瓷概说》中"可见宫苑之内无此轩名"一段原文后,郑重引用何、曾之研究成果:

> 这似乎已成定案,在郭氏之后有关古月轩的论述,都沿袭其说,认为故宫禁苑并无此轩名。
>
> 但考诸新近有关圆明园的研究,事实并非如此。约二十年前,北京两位建筑史学者,何重义和曾昭奋为圆明园遗址考察,参考了现存的所有地图、新测绘的地形图、熨样、档案资料,以及在遗址实地勘查,描绘了《圆明、长春、绮春三园总平面图》连同附记,一九八一年发表于第一期的《圆明园》上,此文附录:《圆明长春绮春三园园林建筑景物名录》中,长春园鉴园中,赫然有古月轩一名。之后在同刊第三集中,焦雄和何、曾二人,分别发表文章,附有鉴园的平面图,及复原图并有文字描述,都提到古月轩这一殿堂。是以古月轩确实曾在长春园的鉴园中存在过。

然宣布百余年古月轩研究史上这一最惊人之发现后,林氏却加补充云:"遗憾的是,何、曾二人并没有把古月轩附在《总图》中的理据和原始资料公布,并将古月轩的建成日期,以及荒废年代罗列出来;我们惟有参考其他资料,考察有关问题。"⑰

⑰ 林业强:《清代宫廷鼻烟壶堂名考》中文部分,见《御堂壶珍——诵先芬室藏清代宫廷鼻烟壶》,香港中文大学文物馆,1998年,第27页。

随后林氏所做之"考察",即鉴园及古月轩建成于一七六七年,并将诵先芬室所藏具"古月轩"款之壶品定为乾隆宫廷制作,实即立足于何氏、曾氏这一未经公布"理据和原始资料"之说法。

此后汪荣祖《追寻失落的圆明园》(2004年中译本)一书亦沿引何、曾之说,于是乎,长春园鉴园中有"古月轩",俨然已成定论。⑱

撰写此文之过程中,为最终核实"古月轩"确存之证,余百费周折,终得与何重义、曾昭奋两先生亲通越洋电话。所得回答令人失望,大意云:耳闻"古月轩"之名,列入鉴园并绘入平面图,出于推测想象,并无确凿证据。

或许,一九九五年《圆明园园林艺术》一书中所出现之编校差错,隐显出著者对鉴园古月轩之确存与位置安排犹疑不决。何、曾《圆明、长春、绮春三园总平面图》绘制于一九七九年,图上标明"本图根据一九三三年及一九六三年地形图、《钦定日下旧闻考》《圆明园四十景图咏》等相关图、书、文献资料并对遗址进行全面踏勘和局部测定后修订制成"。考上列图书文献,凡所提及之景观,今人自可引以为证,然古月轩却未曾被提及。因此,平心而论,何、曾《圆明、长春、绮春三园总平面图》及景物名录,属虚实兼有,与其说乃重绘三园昔时原貌,不如说乃未来重建三园之设计蓝图,不可尽信,遑论凭之证古。

尤令人不解之处,香港中文大学文物馆《御堂壶珍——诵先芬室藏清代宫廷鼻烟壶》一书,乃中英对照之双语版书籍,林氏中文部分中"遗憾的是,何、曾二人并没有把古月轩附在《总图》中的理据和原始资料公布,并将古月轩的建成日期,以及荒废年代罗列出来;我们惟有参考其他资料,考察有关问题"这一关键语句,英译者竟只字未译。而林氏有英文名(Peter Y.K.Lam),自应是熟谙英语之人,却对此漏译也未置一词。于是此一段相应之英文译文之最末一句为:"The most

⑱ 汪荣祖:《追寻失落的圆明园》,台北麦田出版社,2004年。

important findings is an entry of Guyue Xuan in Jian Yuan(Garden of Reflection)."即"最重要的发现,即是鉴园之中有古月轩之名"。[19]

众所周知,今日世界中国鼻烟壶研究与收藏之重镇在欧美,绝大部分欧美研究者与藏家如莫士扨等,并不具备阅读中文之能力,因此这一漏译必将造成误导,自不言而喻。

果然,于此种种并不知情之莫士扨,读林业强氏论文之后,大喜过望,以为清宫"古月轩"之存在终于定论,古月轩鼻烟壶之谜亦破解在即,遂于二〇〇六年《国际中国鼻烟壶学会会刊》发表总结性长文《古月奥秘》一文,放弃其早年所持郭葆昌氏观点,转对何、曾及林氏之研究褒赞有加:

> 今天,我们知道,古月轩是北京皇城以西圆明园里长春园中鉴园之内一处俯瞰庭院的轩馆。长春园本是作为乾隆皇帝让位后的住所而建,工程始于一七五一年,而鉴园包括古月轩,则直至一七六七年才完成。古月轩的再发现,是由于何重义和曾昭奋在建筑方面的探寻工作,他们在一九七〇至一九八〇年代在图纸上复现了那些失去的建筑。他们的发现所具有的重要意义,由林业强转达给鼻烟壶爱好者们,而他在过去几年中,向我们提供了我们这个领域内如此多的确凿宝贵的研究成果。[20]

以之为基础,莫氏展示分析:(一)具干支纪年并分属或兼具胡轩款、乾隆年制款及古月轩款之壶;(二)吴玉川款壶;(三)扬州制壶等三组玻璃料胎珐琅彩鼻

[19] 林业强:《清代宫廷鼻烟壶堂名考》英文部分,见《御堂壶珍——诵先芬室藏清代宫廷鼻烟壶》,香港中文大学文物馆,1998 年,第 34 页。
[20] Hugh Moss: *Mysteries of the Ancient Moon* , p.16; in Journal of International Chinese Snuff Bottle, 2006 Spring.

烟壶，得出诸多大胆推论，如：第一组壶中有干支纪年者，可分别对应一七六七年者六只（其中五只具有乾隆款识），一七六八年者三只，一七六九年者三只，一七七〇年者一只和一七七五年一只，顺序排队，可视为古月轩落成及早期过渡性属款之实物记录，待日后（一七七五年后）古月轩逐渐成为宫内玻璃料胎珐琅彩器之通称，落识纪年便不甚需要矣；图案单一、技法拙陋，显非御作制品水平，应属学手早期实验性制品，因一只上有"上赏"字样，故应属木兰秋狝赏赐臣下之物，故不必华美；另一只（莫氏文中编号为"图12"）上有"戊子六月作于内廷"字样，因定制作地点虽非造办处，然必在内廷某处云云。㉑

如前述，此文立论之基已属虚拟不实，再其主要依据之第一组壶，既在海外亦一向被视为晚清民国赝品，其胎质、釉料、画工均无乾隆朝代气象，极为可疑，故对其推论逐条驳正，并无意义，惟于后文中拣其有关涉者分析之。

莫氏乃国际权威中国文物学者，更是国际中国文物市场巨鳄，尤以鼻烟壶为擅胜，过目经手之器无算，且多为精绝名品，每一言出，欧美鼻烟壶界即奉为经典，苏富比佳士得等大拍卖行更惟其马首是瞻。

试看纽约佳士得二〇〇八年三月十九日"鼻烟壶专拍"第306号拍品"红料'胡轩'竖写楷书款透明料胎画珐琅梅花鼻烟壶"之中文说明：

> 一七六七年夏，一批新招募的珐琅匠来到宫中，并于乾隆后期逐渐成为制作古月轩器物的中坚分子。古月二字合为"胡"，"胡轩"一名由此而来，但这一堂号仅见于古月轩萌芽阶段的实验作品。未几，这批珐琅匠的工艺水平突飞猛进，而"古月轩"亦成为他们的标准落款款式。Hugh Moss 曾在 *Mysteries of the Ancient Moon*（JICSBS 2006春季刊，16~33页）一文中，引述若干"胡轩"款鼻烟壶（图例4~9），并探讨了古月轩画珐琅器的特色。就此而言，亦可参阅拍品304的解说。㉒

佳士得之说明及将此壶断代为"约一七六七年"，全袭莫氏之说。

"胡轩"之说，本自许氏《饮流斋说瓷》所云"古月轩本胡姓人"，复经《辞源续编》扩散开来，后由哈尔蒂文章《古月轩—新之假设》播介海外，最终融入并发挥于莫氏考证之中。而莫氏宫中"胡轩"乃宫中"古月轩"前身一说，近来已返销中国，似有被中国鼻烟壶业界认可之势。

余谓："胡轩"之说，纯属臆想。且不论其全无宫档与典献支持，复不论清宫"古月轩"已属妄拟，更不论现存属"胡轩"款之鼻烟壶乃后世拙陋赝仿，仅论一"胡"字，其于清宫中便无甚存身之可能。盖清以少数民族入主中国，惟恐不被视为奉天承运、继明正统，因最恨华夷之辨，于是有雍正朝吕留良父子开棺戮尸与《大义觉迷录》之颁行，于是有乾隆朝曾静、张熙之凌迟与《大义觉迷录》之禁毁。清帝对夷、狄、胡、戎等歧贬异族字样亦敏感忌讳。如，胡常保为雍正年间造办处司库，据"清档"：雍正帝于九年七月初九日特下旨内务府总管海望："将胡常保名子三字从今去此胡字叫常保，钦此。"[23]又如，乾隆朝敕修《四库全书》，馆臣曾于乾隆四十二年十一月十四日奉上谕："前日披览四库全书馆所进宗泽集，内将'夷'字改为'彝'字，'狄'字改为'敌'字；昨阅杨继盛集内改写亦然。而此两集中，又有不改者，殊不可解。'夷''狄'二字，屡见于经书，若有心改避，转为非理。如《论语》'夷狄之有君'、《孟子》'东夷、西夷'又岂能改易，亦何必改易。且宗泽所指，系金人；杨继盛所指，系谙达；更何所用其避讳耶？"直是修书诸臣多事，弄巧成拙，反置当朝于欲盖弥彰之尴尬境地，帝心不快，自难掩饰，于是"所有此二书分校、复校及总裁官，俱即着交部分别议处。"[24]再如乾隆四十六年十月十六日，帝因四库馆阁呈进南宋叶隆礼所撰《契丹国志》中引南宋经学家胡安国论断，谓五代时突厥沙陀部人杨承勋劫父投晋为

[21] 同注20，pp.17–20。
[22] 见纽约佳士得2008年3月19日"鼻烟壶专拍"图录。
[23] 见《清宫内务府造办处档案总汇》第四册，人民出版社，2007年，第734页。
[24] 《四库全书简明目录·附录·圣谕》，见《四库全书简明目录》，古典文学出版社，1957年，第922页。

"变而不失其正",即降谕斥之曰"此乃胡安国华夷之见芥蒂于心,右逆子而乱天经,诚所谓'胡说'也"㉕。既如此,试问:天子岂容自家眼皮下出现一"胡轩"?而彼辈不过区区匠役,何必有一轩号?且"胡"字单用,粗鄙无雅意,名之何为?再,内府御作制度森严,亲熟久用老臣如唐英,器上署款尚须帝之钦许,造办督管官员有何胆量,敢纵任一群新募匠役于宫中自立一不伦不类之轩号,糟蹋皇家钱粮练手热身,公然书此轩号于鼻烟壶上,并将此类鼻烟壶呈进皇帝以备赏赐?!

莫氏称举例之第一组鼻烟壶为"胡轩组",盖胡轩款、古月轩款、乾隆年制及干支纪年交搭署书,有时更出现于同一鼻烟壶上者,加之图案雷同,工艺一致,便认为属乾隆同一时期(1767~1770)同一批制作,如同一组编年连环画,是"胡轩"向"古月轩"过渡之实证,颇觉牵强附会。其中关键一壶,即前述莫氏文中标号为"图12"者,为著名藏家布劳和氏(Bloch)藏品。(图1,图2,图3)言其关键,盖此壶既有干支纪年及地点,又有"乾隆年制"字样,底足则具"古月轩"款,作为过渡实证,似乎条件具备。然其干支纪

图1 戊子壶

图2 戊子壶题诗

图3 戊子壶"古月轩"款

㉕ 《四库全书简明目录·附录·圣谕》,见《四库全书简明目录》,古典文学出版社,1957年,第926页。

年及地点，题于一首五言律诗之下，据诗中"区乡容管领，苑梦只疑猜"句，诗者似是禁苑小吏，而"戊子六月作于内廷"是指诗句而言，并非指此壶之制期与地点。再审其图案画工，左右各一荷花，上下各一荷叶，呆板僵直，画工拙滞乏味，全无乾隆朝艺术气韵，既在民国制品亦属劣者，何谈出自乾隆内廷！

莫氏文中标号"图 8"之壶，亦属布劳和氏藏品。绘菊花图，花瓣叶片，单摆浮搁，底足"古月轩"款；其被定为制于一七七五年，则仅凭壶肩上"乙未"两小字。是组其余壶品，皆此般或莲或菊图案，胎釉质料及壶体器形粗疏平平，同时同批自是同时同批，却时在民国；而胡轩、乾隆、古月轩数款乱用，全不合体统，恰说明作伪图利者故作狡狯，搅浑泥水，欲诱人自行对号入座也。

本文所论之古月轩鼻烟壶，虽属掌珍小玩，亦可见文化大题。中国学者治中国学问者，多不读西文；西方学者治中国学问者则多不读中文，更遑论直接中文古典。语言文化暌隔，致使西方之中国研究，多年来在中国学界未能严加检视之情况下，居然另拥山头，径自操练起来。若将中国文化比喻为人，西方之研究，则是在基本不与此人交流之情况下，竟研究出许多连其本人亦毫不知情之履历与故事来。莫氏"胡轩"之说，不过其中一例而已。

稽考近百五十年来诸家著述之后，下列结论当无复疑问。

（一）清宫苑囿中无古月轩之存在。康雍乾三朝御制珐琅彩器庋藏古月轩内，因而被宫中用为珐琅彩器之代称，自是虚构讹传。

（二）古月轩胡姓轩主胡学周之说，新版《辞源》已自纠其误。

（三）莫氏清宫内廷"胡轩"之说，如前考，亦是子虚乌有。

（四）后之民间古玩坊肆缘何反误移古月轩之名冠称宫制珐琅彩器，当许前引郭氏《瓷器概说》及杨氏《古月轩瓷考》之解释为公允之论。

（五）考现存清宫内务府雍乾两朝造办处档案，玻璃料胎器物，或称玻璃胎画珐琅，或称玻璃软珐琅，正式称谓为玻璃胎画珐琅，从未发现任何"古月轩"款制器之记录，亦未发现任何宫制器物被称为古月轩器之记录。以各作档记逐年逐月之详细，若果真曾有如此重要御制器物之名，绝无偶因漏记乃至一笔未记之可能。海内外公私传世品中，亦未见显系雍乾宫廷制器却款属"古月轩"之玻璃器或瓷器。而杨伯达亦于《中国鼻烟壶珍赏》中称："赵之谦提出了古月轩的质地、彩绘、题诗、款识等特点，我们在故宫旧藏玻璃器中没有发现与赵之谦说法相符者。"[26]因是，赵氏《勇庐闲诘》所记之古月轩鼻烟壶，独指古月轩玻璃料胎彩画鼻烟壶及桃花洞雕玻璃料胎彩画鼻烟壶，其风格上或许与宫廷风格受惠反哺、互流影响，但其制作当与宫廷御制全无干系，为民间玻璃料胎器作坊之出品，乃顺理成章之定论。

今日海内外中国文物界，信已无人再以"古月轩"称呼清宫御制瓷胎或玻璃料胎珐琅彩器物。古月轩谜题作为清代工艺史辨之昔篇陈页，似也应收存入档。然则，尚非其时也，盖关乎古月轩谜题者核心实质之两大辨疑，至今仍遗阙未答。

一曰理证之辨：即究竟何样民坊制玻璃料胎彩画鼻烟壶为赵氏所记之民坊古月轩壶？二曰实证之辨：即海内外公私传世藏品中，究竟有无赵氏所记之古月轩鼻烟壶尚存天壤间？

转循周遭，古月轩谜题仍须返回起点处。作为初记之人，赵氏似无凭空捏造一鼻烟壶制品之动机与必要。故信赵氏《勇庐闲诘》所称"乾隆以来"，必曾有一制作玻璃料胎鼻烟壶之民坊古月轩存在，必曾有民坊古月轩鼻烟壶行于世，且其制作技艺，应早在赵氏书问世之前，已实至而名归，始得与辛家、勒家、袁家诸民坊名品肩侪并列，被赵氏收录书中。今细绎赵氏《勇庐闲诘》之相关记录，于古月轩鼻烟壶之地色、纹饰、款识及制作年代加以确定规范，力求正解，复筛择海内外传世

[26] 杨伯达：《古月轩款玻璃胎画珐琅》，见《中国鼻烟壶珍赏》，三联书店（香港）有限公司，台港文化事业有限公司，1992年，第40页。

鼻烟壶藏品中几乎近似者而参校之，或能窥察理、实两辨之一二。

（一）"地则砗磲，亦具五色"。据此段上下文理，可做两解：一谓壶体地色如砗磲，再于地色上画以各色彩绘；二谓壶之地色除类似砗磲之白色之外，尚有绿蓝黑红等诸地色。

（二）"上为采画，间书小诗"。或指壶体之上部为彩画，其中部空间处书小诗；或前后连贯读之，则亦可解释为于砗磲色或其他五色壶地上彩画，"间"意为"有些"，即有些壶上书小诗。此前中外诸家多取前一种解释，遂每困惑于传世品中找不到与此吻合之古月轩鼻烟壶真品实物。《勇庐闲诘》以鼻烟及鼻烟器具为题，参引旧籍轶说，录所见所闻，往往三言两语，掠带而过，乃笔记杂撰，非谨严状物考据之作，解读切忌无中生有，亦不可过分拘泥。况且"间书小诗"一句，即便依前种解释，亦不好硬性解释为凡古月轩鼻烟壶必有题诗，否则非是。

（三）古月轩鼻烟壶署"古月轩"或"乾隆年制"两种款识。如前论，除署"乾隆年制"者较属"古月轩"者"尤美"之外，赵氏未言是否存宫制与民造之区别。以赵氏所处时代，宫制与民造，于世人心目中，回然存高下贵贱之别。若赵氏所记之古月轩壶确有或确以为有珍稀宫制者，则不大可能只字不提。故其未言区别，当即是未有区别，即两种款识均为民坊制品署款。

（四）据赵氏文中"乾隆以来"一句，古月轩鼻烟壶制作年代之上限，自不应早于乾隆。赵氏未言年代下限，然谓"其署'乾隆年制'款者尤美"。嘉庆以降至赵氏著书之同治年间，各朝仿前朝器物并不似光宣、民国那般蔚然成风。以玻璃料器论，嘉、道、咸、同未见仿前朝款识器物；以鼻烟壶论，嘉、咸、同三朝罕有仿款，惟道光时有仿雍正款青花瓷鼻烟壶。因此，赵氏记"其署'乾隆年制'款者"，最大可能乃乾隆本朝民间玻璃料器作坊制品。依理，赵氏所记古月轩鼻烟壶制作年代之下限，则亦应不晚于乾隆。

复取前引郭氏《瓷器概说》中"然'古月轩'款字，乾隆时实有之，惟是玻璃器而非瓷器，且为私家款而非进御物耳。此类之器，亦一种玻璃质小品鼻烟壶，原质彩画与乾隆款字者无少异"及"古月轩器与珐琅彩瓷器虽彩画相垺，而胎质款字则如风马牛之不相及"等，与上列诸条结论与规范对照，颇相吻合。

信郭氏所见者，与赵氏所记者，当为同一类。

实证之辨，即究竟有无赵氏所记之古月轩鼻烟壶尚存天壤间，意义更重，因理证之辨须就验于实证也。

兹举海内外公私传世藏品中符合赵氏所记之典例如下。

（一）属"古月轩"款之壶品：

例一：玻璃料胎画珐琅荷塘图鼻烟壶，"古月轩"篆款，台北故宫博物院藏。（图4）

图4

例二：玻璃料胎画珐琅卉石鱼鹰图鼻烟壶，"古月轩"篆款，北京文物商店藏。（图5）

例三：玻璃料胎画珐琅菊石锦雉图鼻烟壶，"古月轩"篆款，望月山房藏。（图6，图7，图8）

例四：玻璃料胎画珐琅国泰安居图鼻烟壶，"古月轩"篆款，北京文物商店藏。（图9，图10）

例五：玻璃料胎画珐琅春播图鼻烟

图5

图6

图9

图7

图10

图8

225

壶,"古月轩"篆款,布劳合氏藏。(图11,图12,图13)

(二)属"乾隆年制"款之壶品:

例六:玻璃料胎画珐琅柳燕闻箫图鼻烟壶,"乾隆年制"篆款,张宗宪"荷香书屋"藏(图14,图15)。

图11

图14

图12

图15

图13

图16　　　　　　　图17　　　　　　　图18

图19　　　　　　　图20　　　　　　　图21

　　例七：玻璃料胎画珐琅道释人物图鼻烟壶，"乾隆年制"篆款，张宗宪"荷香书屋"藏。(图16，图17，图18)

　　例八：玻璃料胎画珐琅五蝠寿桃图鼻烟壶，"乾隆年制"篆款，布劳合氏藏。(图19，图20，图21)

　　例九：玻璃料胎画珐琅织耕图鼻烟壶，"乾隆年制"楷款，张宗宪"荷香书屋"

图22　　　　　　　　　图23　　　　　　　　　图24

图25　　　　　　　　　图26　　　　　　　　　图27

图28　　　　　　　　　图29　　　　　　　　　图30

藏。（图22，图23，图24）

（三）属私记款之壶品：

例十：玻璃料胎画珐琅松藤蜂猿图鼻烟壶，夔龙图记款；布劳合氏藏。（图25，图26，图27）

例十一：玻璃料胎画珐琅春华秋叶图鼻烟壶，"宜人"隶款；望月山房藏。（图28，图29，图30）

诸例均具如下特征：壶体质料为"车渠地"，润洁如脂似玉，而于其上施彩画；施黑褐色釉处，如老干、权枝、石皴、人之发睛、鸟之羽翎，均罩玻璃亮白，属早期画珐琅与粉彩工艺；底足砣平，为雍正间兴起而乾隆间流行之玻璃料胎鼻烟壶做法；图绘熏沐乾隆间扬州画风，题材趣意盎然，撷景韵致清新，笔墨兼工带写，点画极精且活泼灵动，与宫制壶品之华贵尊谨气度大异其趣，足与之分庭抗礼；属"古月轩"篆款与"乾隆年制"篆款两种款识，风骨如出一手。

艺征共格，流派同辙，款识复酷类，洵可归之于同一民坊制品，年代属乾隆，则制家舍"古月轩"其谁！至于是否如赵之谦所云："其题'乾隆年制'者尤美"，则应视个人艺趣所好而定也。

例七、例八款识异样，制艺则上上佳妙，当属私家特别定制之壶，因遂定制者之所愿而落款，夔龙图记似隐喻定制者名姓，"宜人"者似涵"春华秋叶总宜人"之意，则更显出私坊经营特点。

"古月轩"坊名，亦深值探讨。古时堂名字号，均有典出。古月轩，或用李太白《把酒问月》"今人不见古时月，今月曾经照古人"之古典，然抑或影射其坊地所在之今典。历来有言古月轩在苏州者如《辞源续编》，有言在宫中造办处者如郭氏《瓷器概说》，然其最可能之处实非扬州莫属。

虽曰天下何处无月色，然历朝古城中，惟临江月近、花柳繁胜之扬州，自古以来便与明月意象融叠，为其独家特色。

中唐徐凝《忆扬州》："萧娘脸薄难胜泪，桃叶眉头易得愁。天下三分明月夜，二分无赖是扬州。"

晚唐杜牧《寄扬州韩绰判官》："青山隐隐水迢迢，秋尽江南草未凋。二十四桥明月夜，玉人何处教吹箫。"

晚唐张乔《寄扬州故人》："离别河边绾柳条，千山万水玉人遥。月明记得相寻处，城锁东风十五桥。"

徐凝之后，扬州遂有"二分明月地"之称，如扬州画派巨匠华岩友人杨甝诗赞其画作曰："价重二分明月地，光腾十样彩云笺。"

清初王式丹有"柬曹棟亭"诗，其首句"古时明月最扬州"，直似检点古来扬州与明月渊缘之收官点睛笔。扬州之人文诗思中之古月情愫，氤氲欲出。㉗

再，古月轩壶绘画，亦可辅证古月轩之坊地。画坛素来存门户师承之见，壁垒森严。清初之江苏，更是画派纷立。与扬州一江之隔，便有娄东、虞山、吴门及毗陵诸画派，源久而名重。扬州画派实乃夹隙中新生后茁者，虽因华岩及八怪而大彰于后世，当时影响却不出扬州地域，所谓"惜同时并举，另出偏师，怪以八名，画非一体。……示崭新于一时，只盛行乎百里"㉘。迥非其他画派如吴门画派领地之苏州画手及奉四王吴恽为正统之内廷画手所心悦诚服而愿师承者也。古月轩壶之笔法意态，如前所述，十足乾隆间扬州画风，具体言之，乃师华岩不狂不怪、真率疏宕、清新活泼而雅俗击节叹赏一流，则画出扬州派画手、进而其坊地亦当在扬州本地，自不待更言。

㉗ 见《楼村诗集》卷二十一《忍冬斋集》叶二。王式丹（1645～1718），字方若，号楼村，康熙癸未状元，授翰林院修撰。曹棟亭即雪芹祖父曹寅，时在江宁织造任上。

㉘ 清汪鋆：《扬州画舫录》。

此石不坏，先生长在——唐英石雕像真误析

上　阕

　　故事缘由，须追溯至上个世纪五十年代中期。一日，王世襄先生于北京名医兼文物藏家关祖章先生家中见一清人石雕坐像："这是一尊为生人写照的像，用近似青田的叶蜡石雕成。他清人装束，脑后垂辫，长袍素无纹饰，只领子及衣褶间留有石青染色。前额舒展，略有麻瘢，是用无数细小不平的刀痕，益以赭墨渲染才取得呼之欲出的效果。所得印象是：此翁年约六旬，精明干练，阅世甚深。他左手扶膝，右手一书在握，侧身斜坐，倚靠一具鼓式垫子。垫子背面有款识'庚午春写于九江关署'九字。下有'汪木斋'阴文篆书圆印。"[①]世襄先生当即大胆假设，此像或为乾隆朝钦命督理江西御用陶政之九江等地诸关监督、中国陶瓷史上大名鼎鼎之唐英，而庚午春当为乾隆十五年（1750）春。(图1)

　　然有若干疑点。九江关署，自清初至清末，存在二百余年，历任关督榷吏，何止唐英一人？唐英生于康熙二十一年，卒于乾隆二十一年，然有清一代，有康熙二十九年、乾隆十五年、嘉庆十五年、同治九年共四次岁值庚午，石雕像所制

---

① 见王世襄《雕刻集影》，《锦灰堆》二卷，生活·读书·新知三联书店，1999年8月，第490～491页。

年份,岂定是乾隆十五年?故仅凭款识即定为唐英像,似所据不足。再,督烧洪宪御瓷之郭葆昌觯斋,曾藏有唐英绘于雍正八年之彩绘横卷《陶成图》,上有唐英容貌,惜此图抗战中毁于火。幸好故宫博物院资料室中有世襄先生战后赴日追索文物时自神田某书肆购归之《陶成图》照片。(图2)两相比较,"画像年迈清癯,须亦较长,两者相去甚远。年岁不同,容貌固异。然既不相似,难以为证。"②此后,虽"十年浩劫,祖章先生惨遭红卫兵殴打致死……石像亦不可踪迹矣。"然基于前述种种,四十年来,世襄先生心中,"石雕是否为唐英像,仍是悬案"③。

时光行至上个世纪九十年代中期前后,世襄先生忽接前南京博物院副院长宋伯胤先生信函,④询及关氏所藏石雕像并抄示唐英自撰之《题石镌小照小序》:"友人汪南桥讳本,徽人,侨居湖北武昌,善镌雕之技。庚午仲春,诣余浔榷官舍,携得京山石为余作一小照,长七八寸许,形神逼肖,坐泉石古柏下,右作稚子长春保暨凌云、二达两雏孙嬉于侧,或坐或立,或背负或蹲踞,有天然意致。旁立

图1 关氏旧藏唐英像(传)

② ③ 见王世襄《雕刻集影》,《锦灰堆》二卷,生活·读书·新知三联书店,1999年8月,第490~491页。

④ 王世襄《雕刻集影》初作于1959年5月,1995年夏修改补充,后收入《锦灰堆》二卷。以此推算,宋伯胤先生来函时间至迟当不晚于1995年夏。

阿连、阿节二小童,各执茶具,跃跃欲动,神手技也。余顾而乐之,因镌识三十三字于座后石壁上。官耶?民耶?陶耶?榷耶?山林耶?城市耶?痴耶?慧耶?贵耶?贱耶?或曰蜗寄耶?余曰:否否,石也!"

雕者同为汪氏,日期同为庚午春,地点同在九江官署,雕像尺寸亦复相同,⑤何如此之巧合!世襄先生读罢,"不禁为之狂喜",盖"终得证实像主人确为唐英"也。

至于遗留问题,如唐英《题石镌小照小序》所言及之其他景象人物,世襄先生以为:"实一组群像,且有泉石、古柏、石壁景物,不妨称之为石雕立体行乐图,其体积非专设几案或特制台座不能供欣赏。而一旦失修,群像、景物散佚失位,行乐图只能凭人想象矣。"以当时所知之文证物证言之,如此解释,可谓合情近理。

图2 《陶成图》所绘唐英像

中国陶瓷界乃至文物界亦服膺世襄先生此说。自此,概以关氏旧藏石雕像为唐英本容真照。江西景德镇"唐英纪念馆"中唐英瓷像及唐英故里沈阳市为纪念唐英逝世二百五十六周年而特别定烧之唐英半身瓷像,亦均以之为蓝本。

中 阕

美国美尚拍卖行(Michaan Auction)与余所居之伯克利山同属旧金山湾区,其规模不大,但时有中国古玩精品现身其中,近年来颇得海内外藏家注意。

---

⑤ 关氏藏石雕像高24厘米,合乾隆尺度七八寸间。

图3 唐英石镌小照　　　　　　　　　图4 唐英石镌小照背面

二〇一三年暮春时节，该行寄来春季亚洲艺术品拍卖图录。拆启，封面一图，竟赫然是唐英石雕像一尊。

此石雕像乃重器，宽约五十厘米，通高三十四厘米，厚近二十六厘米，重达三十二公斤。自后视之，石像由两块大石叠置而成，上为泉石组像，下为呈山石自然状态之基座。然迎前正观，石层嶙峋，泉水淙淙，掩去两石间接缝分痕，似是整方巨石雕就。左下方石壁平面上有款识："后乐图，蜗寄大人小照。乾隆庚午季春写于九江关署，新安汪木斋"。前有"石田"长圆引首章，后押"南""乔"两小印。（图3，图4）

亟取世襄先生书中所引唐英《题石镌小照小序》比对。人物、景致、位置与座后石壁上三十三字自题，与唐英自撰小序——吻合。《陶成图》所绘之唐英像，与此尊雕像之唐英面容，前者清逸秀瘦、眉髯乌黑，后者慈和富泰、须发皤白，然观五官骨相，正是一人，恰恰反映人之体貌自精壮中年向臃垂耄耋之自然变化也。故此石雕像或为真器，或为后世高手依照唐英自撰小序及《陶成图》而精心仿制。然领略其气，实古韵苍然，神态、姿势、须眉、指足、衣饰、描金乃至树石皴染种种细节隐微处，无不经得起最为刁钻刻薄之品鉴。退后一万步，即便全无题识款字于其上，仅凭其朝代气象与雕刻技艺，余亦必定之为雍乾间作品。美尚拍卖行图录说明内并未提及此石雕像上一子、两孙及两仆童之身份名字，亦未提及世襄先生相关文字及唐英自撰小序，可证当时拍卖行方面虽知唐英其人，却不知此石雕背后之种种故事，而拍卖图录却明确标定制作时代为乾隆，石雕像上之题识跋语虽有助断代，但信是朝代气象与雕刻技艺更具说服力之故。

后数日，又查得唐英日记手稿本中《题石镌小照小序》之亲书手迹，始知所谓“友人汪南桥讳本”有误，当为“友人汪南桥讳木斋”。而木斋之字，唐英记为“南桥”。然依古来字乃诠释其名之惯例，雕像所属之“南乔”当更为通顺。（图5，图6）复考石雕像上清人张坚与锡特库题识及唐英日记所记庚午年前后日程

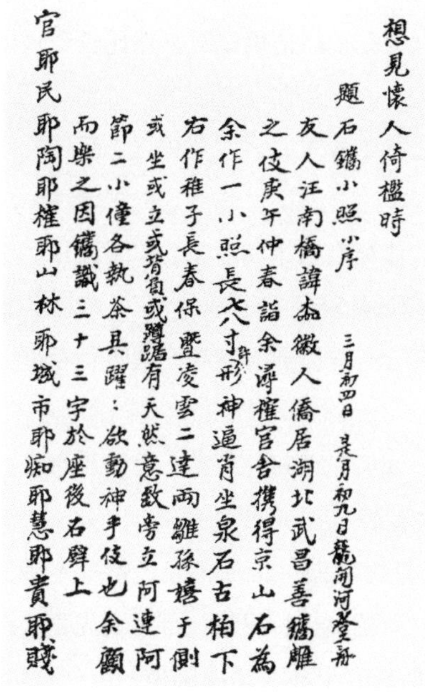
想見懷人倚檻時
題石鐫小照小序　三月初四日　是月初九日龍簡河登舟
友人汪南橋諱木齋徽人僑居湖北武昌善鐫雕
之伎庚午仲春詣余潯榷官舍携得京山石為
余作一小照長六八寸許形神逼肖坐泉石古柏下
右作稚子長春保暨凌雲二達兩雛孫嬉于側
或坐或立或背負或蹲踞有天然意致旁立阿連阿
節二小僮各執茶具躍躍欲動神乎伎也余顧
而樂之因鐫識三十三字於座後右壁上
官耶民耶陶耶榷耶山林耶城市耶痴耶慧耶貴耶賤

图5　唐英《题石镌小照小序》手迹一

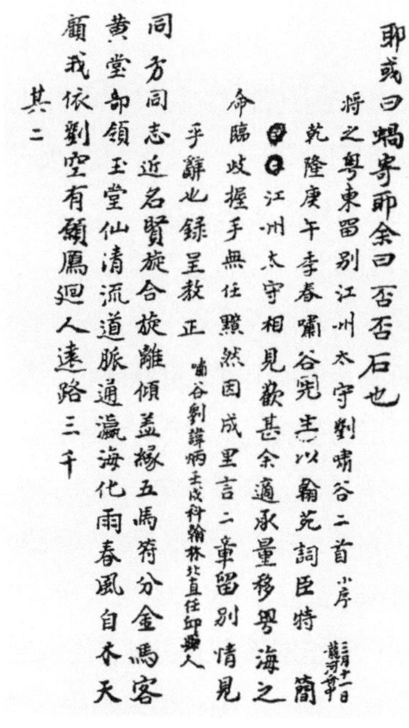
耶或曰蝸寄耶余曰否否石也
將之粵東留別江州太守劉嘯谷二首小序　三月十一日龍河舟中
乾隆庚午季春嘯谷先生以翰苑詞臣特簡
江州太守相見歡甚余適承量移粵海之
命臨歧握手無任黯然因成里言二章留別情見
乎辭也錄呈教正　嘯谷劉諱炳壬戌科翰林北直任邱縣人
同方同志近名賢旋合旋離傾蓋緣五馬旌分金馬客
黃堂部領玉堂仙清流道脈通瀛海化雨春風自木天
顧我依劉空有願鳳迴人遠路三千
其二

图6　唐英《题石镌小照小序》手迹二

行状。之后，不得不承认：真正汪木斋雕制之唐英肖像，并非多年来一致公认之世襄先生《雕刻集影》所记关氏旧藏，却乃此尊也。

因这唐英石雕像一依像主自家说法，当为"石镌小照"一之出现太过突然，虽百般思之，亦匪夷所思，以致数日间辄瞬乎将信将疑：梦耶？昼耶？真乃当年唐英亲记之物，于匿迹天壤二百六十三年之后，竟真真复现于大洋彼岸之美国且距余不足十英里之处？

据美尚拍卖行图录：上世纪七十年代，此唐英石镌小照出现在为支持奥克兰儿童医院基金会而举行之慈善义卖拍卖会上，捐赠来源为克莱芒山某家族遗产。拍卖地点即在伯克利克莱芒饭店度假地。余平日常常驾车经过，乃一片依山而起、森林掩映之白色古典式建筑群。石雕像为凯斯夫妇所得，陈设家中，代传至今。

美尚拍卖行将此唐英石镌小照排在拍品顺序第八十件，取中国人"八""发"谐音吉利之意。估价为美金十万至十五万，为所有拍品估价之冠。然比较今日国际中国文物市场之价格，已属不能再低矣。

余即召唤诸同仁，宣示此唐英石镌小照之稀绝珍贵，表明竞拍之志。彼辈亦颔首认同，跃跃然愿意参与。

首日预展，余自去亲眼鉴察。石镌小照通体虽高三十四厘米，以手㧟量唐英一躯之高度，却刚在二十三至二十四厘米间，亦是乾隆尺"七八寸许"。惟唐英脑后连带荫庇其头顶上方之叶树磕掉一块，另如意云头鞋侧亦有缺损。然古物存世已是难得，岂能苛求。

扫视周围，寥寥悄悄，并无多少围观者。偶有三两过往议论入耳，不过言此器不真、太贵云云，反令人隐约感到激战前夜之寂静。

拍前数日，一同仁心痒难耐，再往预展打探动向。带回消息：情况不妙！石镌小照已移至阔平台上，以方便贴近触观；美尚拍卖行特提供一部世襄先生《锦灰堆》二卷，摆在一旁，供人查阅；各路大、小买家十数人团团围坐，正分析研讨。总之，"你说得那些，别人也都知道了"。唐英日记与世襄先生著述，向非秘籍，焉能鲜为人知。余于是劝慰曰：此开门见山之物，切莫以为世上惟自己是明白人。所能为者，"但求无愧我心"而已。

拍卖当天，见男女长幼十多位美国人列坐大厅右侧，正装容饰，神情专肃，据云乃出席观瞻之凯斯家族后人。

待报价声起，果不出所料，白花花牌竖如林。余亦出手竞举，随即被涌翻而上之价浪吞没。十余番争夺后，因与诸同仁有约在先，价高至此则不得擅举，只好罢手。

价及百万时，场内一片掌声。竞价蹿升却并不稍停。最终，此尊唐英石镌小照以两百万美元落槌。

众人皆纷纷立起，走动，感叹，惊诧，茫然出神……余则嗒然若失，时间似已秒滴入静，恍然刚刚度过漫长时刻。问旁人，自起拍至落槌，前后不过十余分钟而已。

凯斯家族成员更是万分激动，与上前祝贺者握手，家人彼此搂肩揽臂，几位女士竟至流下热泪。

下　阕

唐英，字隽公，号蜗寄居士，生于清康熙二十一年（1682），卒于清乾隆二十一年（1756），沈阳人，祖上"从龙入关"，隶汉军正白旗。唐英十六岁入宫侍奉，值养心殿，后官内务府员外郎。雍正六年（1728），受命佐理江西景德镇御窑，至乾隆二十一年谢世，以诸榷关监督兼领景德镇御窑近三十年，潜心陶艺，躬亲指挥，终成一代御瓷巨擘，所创釉色与器形百色千姿，璀璨绚烂，世人誉呼之"唐窑"。今日雍、乾两朝御瓷以登峰造极之瓷艺誉满国际间，唐英功莫大焉，功莫大焉。

石镌小照之作者汪氏木斋，唐英记其籍贯为"徽人"。汪氏款识于此则更为具体，乃新安人氏。新安，即今之安徽歙县，自古出好艺术家，汪氏尤为当地版刻、墨工、雕匠之旺族。木斋之技艺，其来有自。

吾国古代为人肖像之艺术，自晚明至清康乾间，绘画之外，丸泥捏相、木石塑真等亦纷登用场，如《红楼梦》写薛蟠自虎丘带回泥捏小像，"与薛蟠毫无相差"。木斋以石雕为专长擅胜。今日世知之木斋遗作有三：关祖章氏旧藏石雕小像其一；世襄先生旧藏、亦曾收入其《雕刻集影》及《自珍集》之清石雕老人像其二；美尚拍出之唐英石镌小照其三。俱为石雕写真之作，故木斋乃一石雕肖像艺术家。与木斋大约同时之苏州虎丘泥塑艺人项天成⑥，据《同治苏州府志》载："夤缘得入营中，侍卫容照荐诸将军，将军及各随员皆试其技，果面目逼肖。"据唐英《题石镌小照小序》，木斋自备石材、诣阙献艺，石雕肖像之技应为其生活所寄，其题识前引首章曰"石田"，即已表明以石为田耕获衣食之意。已知木斋传世三作品中，两件同年同季制于九江关署，像主一位为关督唐英，另一位曾"疑为唐英"者亦当是九江关某署员，其觅徕客主之途径，颇与项天成类似，或即是康乾间肖像艺人谋生之通则。

观木斋此尊石镌小照，人物、景致之布局，主次分明，衬映得趣，散落自在而又稳当均衡，极具匠心。刀法精娴，刻剜琢磨，剔挖铲擦，无不运用得头头是道。尤其山石皴法，不输丹青画笔，几乎难断其为天然之石耶抑或妙手临摹之天然之石耶。形容状态亦极有把握，令人叫绝。夫雕者撷取人物神态，如摄影者之抓拍，凝固瞬间，其手眼高低，生动而余韵悠长，或板滞而不耐久看，俱取决于此。木斋所选之角度，日常平实，因日常平实而独特隽永。唐英和蔼安详，笑意微容，又有阅世长者之沉稳松弛。（图7，图8）身边之子孙晚辈，木斋亦摒弃俗手惯用之小儿嬉笑顽乐之态。据唐英《陶人心语·可姬小传》⑦及纪事诗文，雍正十二年七月二十日，

⑥ 康乾时人、乾隆元年得授翰林院庶吉士之汪士锽，尝赠项天成以七言长歌，故天成亦康乾间人。

⑦ 见张发颖、刁云展编《唐英全集》，学苑出版社，2008年。

图7　唐英面容

图8　描金龙纹

妾张氏"产子于珠山之阳关",因名此子"珠山";产后仅五日,张氏以疾殇。迨至乾隆十五年木斋为唐英制石镌小照之时,珠山应十六周岁。石镌小照像中之稚子,恰十余岁少年模样,故当为张氏所出者。惟其名曰长春保,珠山或其乳名?或珠山之后,唐英又得一稚子乎?无论如何,即便张氏孕娩珠山之年,唐英亦已五十三岁。凡人老年所得子,体质多羸弱,此生理之所然。木斋所写之长春保,似在出神遐想,能感觉此子眼睑微浮肿,似肾肝不强,的是逼真之写生;两雏孙憨憨懵懵、

图9　稚子长春保与凌云、二达两雏孙

图10　阿连、阿节二小童

心无所思；二小侍童则乖顺本分，尤为纯朴可爱。（图9，图10）木斋之艺术造诣与旨趣，与今日艺术家总想与众不同，一鸣惊人，反而出手便呈矫揉造作、畸尬乖张之态，迥然两异。

唐英号蜗寄。可见石镌小照上一可爱蜗牛贴伏石上，引长颈探角触，蜿蜒上行。象征与写实趣为一体。（图11）

石镌小照上汪木斋题识款字外，另有唐英、张坚、锡特库三题识。考证之间，则关涉唐英乾隆十五年至乾隆十七年之宦迹行状。

石镌小照上唐英题识，即石壁上小序三十三字，符合日记所述之数，后属"庚午春蜗寄居士自识，时年六十又九"及"唐""英"两方名章。其刀法味朴而草简，比对木斋题识，笔迹全同，当非自刊，而是木斋代刻。唐英书画俱佳，兼擅篆刻，同代人汪启淑《续印人传》有载记。然其何以自识而不自刊？盖木斋诣访唐英于"浔榷官舍"，⑧时在乾隆十五年"庚午仲春"，即农历二月。石镌小照完成，则在"庚午季春"，即同年农历三月。而唐英于三月初四日记下自撰《题石镌小照小序》三十三字，序前补注云"是月初九日龙开河登舟"⑨。下篇又记"三月十一日于龙河舟中"作"将之粤东，留别江州太守刘啸谷二首小序"，内有"乾隆庚午季春，啸谷先生以翰苑词臣特简江州太守，相见欢甚。余适承量移粤海之任，临歧握手，无任黯然……"诸语，可知撰记《题石镌小照小序》至登舟赴粤海，仅仅五天，卸任交洽，收拾起身，恐难有闲

图11 蜗寄

⑧ 即九江关榷署。九江古称浔阳。
⑨ 龙开河穿插环绕九江城内外，接通长江。
⑩ 见《清宫内务府造办处档案总汇》第18册，第425页。

图 12　唐英《题石镌小照小序》　　　　　　　图 13　汪木斋题识

暇，或因此方倩木斋为之。(图 12，图 13)

查乾隆十六年宫档中有"于闰五月初二日据粤海关监督唐英来文……"一条，[10] 知唐英庚午季春时"量移粤海之任"乃地处广州之粤海关监督之职，此与石雕像上锡特库庚午秋日题识两相印证，且知此像亦随唐英至广州。

锡特库题识曰："科头松下，苍颜古质，恁道是谁，乃吾桑梓，字曰隽公，自号蜗寄，其温如玉，其坚似石，洒落襟怀，雍容气宇，诗画兼优，是其小伎。事君也忠，交友笃挚，坦然宦途，从未尚异，性本慈祥，好善乐施，天道好还，已有令子，年近七十，矍铄自持，双眸炯炯，百岁可期，他日林下，相傍相依。公视吾为弟，吾何为自外而不题。庚午秋日题隽公老兄大人石刻小像，白山弟锡特库。"前有"淡亭"引首章，后有"和""珍"两小印。(图 14)

据宣统二年重编《承德县志》：锡特库，姓乌喇瓜尔佳氏，其祖父胡尔哈器乃清太宗皇太极之姨父，因此为国戚，即所谓世守太宗昭陵之"姨娘子孙"。雍正三年，锡特库袭六品官。再据《钦定八旗志》及《驻粤八旗志》：乾隆十年至乾隆二十年，广州将军为锡特库。可与《清史稿·李侍尧传》载侍尧于乾隆"二十年……署广州将军。劾前将军锡特库废弛马政，锡特库下吏议"一条互征。

图14 锡特库题识

据道光年间编《广东通志》卷四四《职官表》:唐英于乾隆十五年六月到任粤海关监督。据唐英《陶人心语》手稿所记是年秋冬诗作,有九月二十一日《祝锡和珍大将军寿》、十月十九日《奉陪刘延清司空,锡和珍将军,马羲文、曹宗文都统,程海苍、吴昆田学院登镇海楼》、十一月十八日《曹宗文都统招同锡和珍将军,马羲文都统重游白云山》、《庚午长至前一日,坡山主人招饮,和珍大将军以帽簪桂花见赠,漫成吴歙二阕奉谢》、十二月初一日《奉步和珍将军虎门外海操忆旧原韵》、十二月十三日《题锡和珍将军新筑小楼额并诗》及十二月二十四日《岁杪锡和珍将军小楼清话》等多首涉及锡和珍将军,当即是时任广州将军之锡特库,其字和珍,正与石镌小照题识落款相符。

唐英上述诗作中于锡特库多恭维溢美之词,锡特库对唐英之题赞亦属褒扬泛评之语,双方均无忆昔怀旧之句。细绎之,两人似非深交故知,不过宦途交叠,粤海相逢而已。想来诗酒酬唱、饮宴雅集之际,锡特库获观此唐英石镌小照,方有此秋日题识。

锡特库隶满洲正黄旗,其宗乌喇瓜尔佳氏属沈阳满人望族。唐英隶汉军正白旗，籍贯亦是沈阳，每款属"沈阳唐英"，故锡特库题识中称"乃吾桑梓"。

　　题识描述石镌小照之辞，自非未曾亲眼看过者所能编造。然"科头松下"一语，是锡特库未加详审，以至误柏为松。柏与松均虬干蟠枝、四季常青，本易混淆。然此柏于唐英生涯意义殊甚，不可不辩之于下。

　　唐英一生，掌榷关，督陶政，暇余书画吟咏之外，亦嗜花雅之音，其家即蓄养伶乐家班，且执笔自创剧本，曾言："余性嗜音乐，尝戏编《笳骚》《转天心》《虞兮梦》传奇十数部，每张灯设馔，取诸院本置席上，听伶儿歌之。"⑪ 因而可称之为一代戏曲家。其九江官署之同寅，亦是当时戏曲名家之董榕⑫为其《慵中人传奇》所写序云"今读古柏先生《慵中人传奇》，乃为之拍案叫绝"，⑬其杂剧传奇亦汇总题名曰《古柏堂传奇》，可知唐英以古柏自号，亦以古柏额其堂室。古人以庭院园苑中佳木奇植自号额堂，例不胜枚举。故唐英之号古柏，不应仅泛取柏树岁寒不凋以自励节操，而确应有之，石雕像上唐英所坐石壁后那笼盖荫翳、藤攀苍郁之古柏，惜已残断，

图15　古柏

⑪　见《梦中缘》。
⑫　董榕，字念青，号恒岩，后官至九江知府，戏曲代表作为传奇《芝龛记》。唐英殁后，亦曾暂管九江关及御窑厂陶务。
⑬　见《古柏堂戏曲集》，上海古籍出版社，1987年，第73页。

当即是其写照。（图15）此株古柏之本身，极有可能或在唐英"蜗寄"所在地，即九江府西门外溢浦坊之九江关署内，或在景德镇御窑厂署之珠山园林中，盖唐英所作自抒自况之传奇《虞兮梦》中之主角陶成居士，其登场独白中即云："……老夫陶成居士是也……今当艳阳天气，花柳逢春，这官署中有座珠山，绝顶上有个环翠古亭，公余游咏其间，颇堪登眺栖止。"可据之推测。

石镌小照背面平壁又有张坚题识曰："体质同坚，孕灵大块。譜（？）如屹如，非冷非怪。寓形蜗中，游心物外。爱者爱，拜者拜，此石不坏，先生长在。白下晚生张坚敬题。"前有"卧月"引首章，后有"张""坚"两印。（图16）

张坚，白下人（白下地属江宁，即在今之南京）字齐元，号漱石，屡试不第，只得客游入幕，尝作"江南一秀才歌"自嘲；词赋雅艳，谙擅音律，为康乾间名戏曲家，其《玉燕堂四种曲》最是传响当时。

唐英久闻坚名，赏惜其才，遂于乾隆十四年聘其入幕，在为其《梦中缘》一剧所作序中曰："余夙闻吾江南一秀才之称，固张子漱石先生也。喜为同调，以礼罗致之。先生携其经荡游于四方，久之不得见。岁己巳，闻其在浙，遗使往迎，乃欣然来浔。公余之下，分韵谯吟，殆无虚日。……先生著作颇富，而不自收拾，携以出游，时人得其片语只字，遂装而珍之，曰江南一秀才稿，而《梦中缘》尤脍炙人口，余惧辗转抄录，未能广遍，欲代为开雕，公诸同好，以垂不朽，而会吾调任粤海之命，先生以道远惮于偕往，复应接任九江惠公之聘，余匆匆就道，遂不及登梨。"

"接任九江惠公"，即惠色。查宫档，乾隆十六年六月："十六日，员外郎白世秀、催总德魁来说，太监胡世杰传旨：惠色所进洋彩瓶、壶、盖钟、蜡阡等件烧的俱各平常，此系惠色不懂烧造磁器，又不用心，故致粗糙。着怡亲王等申饬，钦此。"⑭颇疑恰因惠色不能胜任之故，是年唐英奉命复归九江关并督理陶务之任。

⑭　见《清宫内务府造办处档案总汇》第18册，第424页。

图16 张坚题识

《陶人心语》卷五即有题为《辛未嘉平月,余恭承量移浔榷之旨。将挂帆前,署督新将军索余拙笔甚力,辞之不能,爰写梅花一枝并缀小诗应命》之作一首。乾隆十七年正月十七日,据《陶人心语》卷五之《复返浔阳,故人林廷玉送至三水县,回棹赋此赠别》一首,知唐英于其时已启程离粤海返九江。如前之考述,既然乾隆十五年庚午季春石雕小照完成,至唐英于三月初九日舟赴粤海,仅间隔数天,其自撰小序尚需请木斋代刀,故不太可能在此数天内亟请张坚题识并刻于石上,而当在乾隆十七年唐英自粤海关归任九江关之后。

张坚题识左侧稍远处有葫芦形小印一枚曰"匠石氏",而锡特库锡题识左侧下角亦有长方形小印曰"匠石"。然此二人南辕北辙,自不可能偶属同一别号。而匠石之意,显然典出《庄子·徐无鬼》匠石与郢人故事。再审其钤押位置及书风刀法,锡题乃古遒之钟、王小楷,张题则秀逸行书兼融章草,信是于木斋之外,另有一位镌刻题识者,"匠石"乃其别号,或其本姓即石而一语双关。张坚与锡特库,分处九江粤海,水陆往返辄须半年,"匠石氏"焉能奔走两地操刀。较为合理之推断,乃"匠石氏"人在九江附近一带,唐英携归锡特库题识之文本,亦请张坚题识,由"匠石氏"刊刻两家题识于石上。

中国明清以来施刻印章、雕像、文玩之软性石材,国际间笼统称为"皂石"(Soapstone)。而据余亲眼观察,木斋所用石材,即非寿山,又非青田,更非昌化,不属吾辈今日所熟悉之任何一种明清雕刻石材。关于此点,世襄先生实六十年前即已注意到,但先生并未强归其类,仅以客观之态度称之为"近似青田的叶蜡石"。唐英《题石镌小照小序》则称木斋携来之石为"京山石",必言有所据。京山地处鄂中江汉平原北端,距近木斋客居之武昌,其地富藏石矿,尤以石英石、石灰石、大理石、白云石、重晶石为地产"五大石头",京山石当类属其中一种。世襄先生尝论其"俪松居"所藏"清石雕老人像"一尊,虽无木斋款识,但其用料、刀法、设色无一不与汪木斋属名作品相似,故"应亦是汪氏之作"⑮。此"清石雕老人",二十多年前,余于世襄先生芳嘉园宅中曾谛观之,印象所及并对照《自珍集》中高清图片,其石材确与唐英石镌小照质色相同,当同属京山石。信木斋采用京山石,近地取材之便外,其石质细腻易于施刃,匀净无纹理,色黄白而近似肤色,恰宜肖像貌容之用,乃更重要之原因。

唐英石镌小照拍出昂价之后,尝闻海内外信口质疑声。余曰:何疑之有!

终　曲

汪木斋制唐英石镌小照之后至于今,已忽忽二百六十又三年。至上世纪七十年代前,其山川江海辗转流离之迹,已难考悉。念其吃不得、穿不得、用不得,又非可换生计之金银细软,更兼硕块重体不便携带,当兵燹水火离乱变故之际,最易遭

⑮ 见《自珍集》生活·读书·新知三联书店,2003年,第66页。

遗弃之厄,然奇在竟存乎天壤间,诸像与底座完整并具,使吾辈挚爱中华文物者,得以瞻仰唐公之真容写照,敬缅怀想,足云幸矣!足云幸矣!

惜幸中又含遗憾,一为世襄先生,一为凯斯夫人。

清人雕像当年并不为人所重。世襄先生初遇关氏旧藏,其难能可贵者,在能立即警觉谛察,乃至摄影存照,萦萦追索数十年,终将此一段公案公布于世,备载文籍,引来文物界睽睽关注,方有后来宋伯胤先生来信,使后来者征考有径,学术研究所谓引导启迪之功,端在于斯。而先生驾鹤西去,不过四年,真唐英石镌小照出,竟不得一见,思之抆泪。

承美尚拍卖行代为问询并转来凯斯家族后人回函,余于凯斯夫妇生平始略知一二。(图17)凯斯先生出生地即在伯克利,"二战"中服役美国空军,后经商,于二〇〇七年谢世。凯斯夫人生于与伯克利毗邻之奥克兰,曾供职奥克兰某家具公司,从而对亚洲艺术略有接触;好助人,热心公益,平日凡时间允许,即往奥克兰

图17 凯斯夫妇
(Mr. & Mrs. Kass)

儿童医院义工服务，最终膺任该医院主管委员会成员。而唐英石镌小照，恰恰出现在为该医院基金会募款之慈善拍卖会上，当时无人举牌，以致流拍。凯斯夫人于拍卖会后商购得之，所欲者，为募款尽绵薄之力而已。此后存藏将近四十年，或摆饰家中，或携之迁徙，然亦未再深究此尊石雕之身世底细。二〇一二年，凯斯夫人病逝，遗嘱将之遗赠全体家人。所为之深感遗憾者，在终之一生，这位美艳如花之善良女性，即梦中亦不曾想到，自己悯怀爱心而购回之中国石雕像，竟于中国陶瓷史乃至中国文化史上居如此重要地位。

补记：此后获知，唐英像终为香港古玩商翟先生健民所得，已成其"永宝斋"镇斋之宝。

杂 稿

红楼器物小言

靠背椅

公道杯辨

鹿 中

板

康熙官窑青花大盘

和合神

"北宋耀州窑青瓷倒注壶"始末

红楼器物小言

《红楼梦》器物考据，自红学索隐大兴以来，人海笔林，著述甚多。小言九则，参佐历年来所见实物，检诸家未及或及而未详者言之，差堪凑趣而已。

一、脊苓香念珠

《红楼梦》第十五回：水溶又将腕上一串念珠卸了下来，递与宝玉道："今日初会，仓促竟无敬贺之物。此即前日圣上亲赐脊苓香念珠一串，权为贺敬之礼。"

脊苓香一物，未见籍载，的是雪芹杜撰，意以虚无之"脊苓"，谐音实有之"鹡鸰"。鹡鸰，见《诗·小雅·棠棣》："鹡鸰在原，兄弟急难，每有良朋，况也永叹"，以鹡鸰飞则鸣，行则摇，有急难之意，喻手足亲亲之情。曹家盛于康熙而败于雍正，康熙六十一年为壬寅，雍正元年为癸卯，"金陵十二钗正册"之元春判词中有"三春争及初春景，虎兔相逢大梦归"句，言之甚明。雍正帝素负篡位夺政、逼兄锢弟之恶名，名实是否相符，史家尚可商榷，然雪芹以沧桑落败之身世，于雍正帝心怀怨愤，自在情理之中，故于"鹡鸰"后特加一"香"字，反讽其不念鹡鸰骨肉之情义，更借黛玉之口贬斥："什么臭男人拿过的，我不要他。"

鹡鸰，长仅一拃，骨骼纤细，不足取以制物。古代以禽鸟块骨为制物之材，所知惟鹤顶一种，后世又俗称鹤顶红，实即雄性盔犀鸟之头骨胄顶。盔犀鸟（helmeted hornbill），属佛法僧目（coraciiformes），犀鸟科（becerotidae），产于马来半岛、婆罗洲及苏门答腊等地热带雨林中。雄性体形长大，可达一百二十五厘米，头骨胄顶外表鲜红，前部与喙为黄色，实心质厚，故可做雕件。迄今所知初次记载鹤顶并为其定名之史籍，为元末汪大渊《岛夷志略》。至明初，郑和舰队三位随员所著之书，马欢《瀛涯胜览》、费信《星差胜览》、巩珍《西洋番国志》均谈及此物，以《瀛涯胜览》所记最为翔实："鹤顶鸟大于鸭，毛黑胫长，脑骨厚寸余，内黄外红，俱鲜丽可爱。"《明会典》亦记为番国贡品。（图1，图2）

盔犀鸟今已濒临灭绝，鹤顶红实物亦日渐珍稀，历年所见者有明清两代带板、带扣、鼻烟壶、头骨雕刻等等。在雪芹生活之年代，鹤顶红制器并非稀罕之物，内府造办处档案中屡有记载：如乾隆元年大内造办处清库，计查得雍正朝旧存"鹤顶红贰十叁个"，实用"鹤顶红纽子四件"等等。

窃谓以祖、父辈官居织造、掌管御用贡物之豪贵家世，雪芹自幼及长，必多耳闻目睹鹤顶红器物之机会，甚至或曾亲佩鹤顶红念珠、手串之类。后来著书红楼

图1　热带雨林中之犀盔鸟

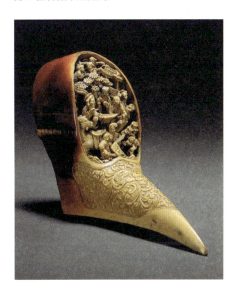

图2　清代鹤顶红雕

之际，联想附会，以旧典之"鹡鸰"，替换实有之"鹤顶红"，再以去鸟旁而冠草头之"脊苓"谐音"鹡鸰"，以遮掩影射之真意，此亦《红楼梦》中屡见不鲜之移花接木手法也。

二、温都里纳

怡红公子颇宠溺芳官，先改其名为耶律雄奴，后"又见人人取笑，恐作践了他，忙又说：'海西福朗思牙，闻有金星玻璃宝石。他本国番语以金星玻璃名为温都里纳。如今将你比作他，就改名唤叫温都里纳可好？'芳官听了更喜，说'就是这样罢'。因此又换了这名。"

雪芹言之甚明，"温都里纳"一词出自福朗思牙国番语，即法兰西语。后世红学家却不仅试从法语，亦试从意大利语、西班牙语、英语乃至梵文中寻其根源，直至上个世纪五十年代，周汝昌先生于《红楼梦新证》一书中指出"温都里纳"为法文 Aventurine 一词之译音，方了结此段公案。该词词意与雪芹所说"金星玻璃宝石"完全一致，一谓蕴含细密金点之天然宝石，二谓模仿此种天然宝石之人造玻璃品。实则在欧美相关业界，如文物拍卖行，一向称呼天然"温都里纳"金星宝石为 Aventurine Stone，而称仿温都里纳金星宝石之金星玻璃为 Aventurine Glass，泾渭了然，从无疑义。

今欲补正者三：

其一，雪芹文学高杰，却不必外语天才，其并非译音"温都里纳"与译意"金星玻璃宝石"之译者。内府宫档早有译音译意之记载，天然金星宝石曰"温都里那石""温都尔那石""文都里那石"或"文都里纳石"等等，如"雍正三年各作成做活计清档"记：十月二十九日"圆明园来帖，内称员外郎海望交黑色温都里那石珠二串九十一个，黄色温都里那石珠一串一百四十个，黄色温都里那石珠

图3　故宫藏清搅金星玻璃鼻烟壶　　图4　清细密金星玻璃鼻烟壶　　图5　清洒金星玻璃鼻烟壶

二串十二个。传旨：文都里那石珠做书辫用，大些的每个书辫用五个，小些的每个书辫多用几个，钦此"。人工仿造者则称"金星玻璃"，如雍正元年之"杂活作"档：正月初九日"怡亲王交金星五彩玻璃鼻烟壶二件。王谕照此样烧玻璃鼻烟壶几件，遵此"，故无论音译意译，已应是通用名词。[①]惟宫档记录有时不带"石"字，仅称"温都里那"等等，则不知所记为天然者抑或仿造者。

其二，有故宫博物院学者著作云，内府造办处玻璃厂经西洋传教士纪文、汪执中指导，于清乾隆六年（1741）正式将金星玻璃烧制成功。然据前引雍正元年"杂活作"档，则此时已有并已能烧制金星玻璃器物，且能于金星玻璃中掺融点彩。雍正元年正月初九日，改元仅九天，岂容于如此短暂时间内烧制并出为样品？故此金星五彩玻璃鼻烟壶二件，必属康熙朝制品。如是，则清宫玻璃厂烧成金星玻璃之时间必推前至康熙年间。

其三，据所见雍乾两朝传世金星玻璃实物，赭、红、蓝、黑，质色多样；内融之金星，则细密金沙者有之，荡碎金斑者有之，金滴搅淌者亦有之。（图3、图4、图5）

①　分见《清宫内务府造办处档案总汇》第一册，第122～123页、第612页。

三、活顶斗笠

此黄杨雕达摩立像，康雍间物也。杖端系挂麈尾拂尘，寻常佛家什物。倒是那斗笠一顶，颇以为奇异：只见笠檐圈，不见笠帽顶，那枯髅杖，竟自圆洞中穿挑过去。（图6，图7）思之不解，乃谓钵僧贫简、破笠漏瓢之故。忽而想到《红楼梦》"金兰契互剖金兰语，风雨夕闷制风雨词"一回，写宝玉与黛玉言北静王所赠斗笠："别的都罢了，惟有这斗笠有趣，竟是活的。上头的这顶是活的，冬天下雪，戴上帽子，就把竹信子抽了，去下顶子来，只剩了这圈子。下雪时男女都戴得，我送你一顶，冬天下雪戴。"

图6 黄杨雕达摩　　　　　　　　图7

原来顶檐两分,雪雨两用。按照比对,通!惟不意竟见此类活顶斗笠于禅祖背上。

四、宫制诗筒

上元佳节,贾妃雅制灯谜取乐,"太监又将颁赐之物送与猜着之人,每人一个宫制诗筒,一柄茶筅",事见《红楼梦》二十二回。

诗筒述略,可参见本书"春日雅集图象牙诗筒"一节。而宫制诗筒,可取故宫博物院所藏黄杨木百宝嵌花卉湖石诗筒,一睹其宫廷奢华气象。(图8)

图8 宫制诗筒

五、熨　斗

《红楼梦》中提及熨斗,凡三处。

二十八回:"宝玉进来,只见地下一个丫头吹熨斗,炕上两个丫头打粉线,黛玉弯着腰拿着剪子裁什么呢。"

四十四回:宝玉对平儿"又道:'可惜新衣裳也沾了。这里有你花妹妹的衣裳,何不换了下来,拿些烧酒喷了熨一熨,把头也另梳一梳。'一面说,一面吩咐小丫头子们舀洗脸水,烧熨斗来"。

六十三回:"尤二姐便红了脸,骂道:'蓉小子,我过两日不骂你几句,你就过不得了……'说着,顺手拿起一个熨斗来搂头就打。"

图9 清代熨斗　　　　　　　　图10

附图乃清代熨斗，白铜铸体，錾青铜饕餮纹，黑漆榉木手柄，上钉"福在眼前"一枚，制作考究，应属当年富贵人家如贾府之用物。

此类熨斗有两种用法：熨大件，需较长时间，如黛玉裁剪之衣料，故于斗内置热炭，"吹熨斗"，即为助炭块炽燃，热度持久。若轻折浮皱，临时一用，如平儿泪湿衣裳，则于火上烧热熨斗底面即可，故云："烧熨斗来。"至于尤二姐"顺手拿起一个熨斗来搂头就打"，正以其熨斗有手柄，便于执之击打耳。（图9、图10）

六、银铫子

图11 清宫御膳房银铫子

《红楼梦》四十五回"金兰契互剖金兰语"，宝钗说起黛玉病症，劝其"每日早起，拿上等燕窝一两，冰糖五钱，用银铫子熬出粥来。若吃惯了，比药还强，最是滋阴补气的"。

有流有柄之壶或罐曰铫子。宝钗特特指明用银铫子，盖因银属性平和无异嗅，熬煎药饵，最为相宜。

所举一例，乃原清宫御膳房用器。（图11）

七、金寿星

《红楼梦》六十二回记宝玉生日，各处送寿礼有差，"凤姐是一个宫制四面和合荷包，里面装一个金寿星，一件波斯国所制玩器"。

下附金寿星之例，乃见于二〇〇八年香港苏富比"明清金器"专场：以整块纯金錾就，手执如意，神态静穆，精致小巧，高不及两寸，无孔无系，当非佩挂系戴之物，乃属熙凤所赠寿贺一类。（图12）

图12 金寿星

八、累金凤

凤眼修美，云冠宛转，招展翅翼；凤尾六羽，攒镶珍珠三粒；体长近十二厘米，属大型女佩金饰，凤腹下有短管二，供穿系丝线。此器曾于1935年伦敦皇家艺术学院"中国艺术展览"上展出，上个世纪五十年代归瑞典中国金银器收藏大家卡尔·坎普。（图13）

图13 攒珠累金凤

图 14 雍亲王题深柳读书堂十二美人绢画之七　　图 15 雍亲王题深柳读书堂十二美人绢画之十一　　图 16 雍亲王题深柳读书堂十二美人绢画之十二

　　《红楼梦》中懦小姐贾迎春之累金凤，侍女绣桔道其全名曰"攒珠累金凤"，正与之相同。其制非冠非簪，经凤腹短管缀饰于堆鸦云髻或帽冠暖套正顶前方，如故宫博物院藏《雍亲王题深柳读书堂十二美人绢画》第七幅、第十一幅与第十二幅之所绘。（图14，图15，图16）尤因此种累金凤体态长大舒张，佩为正中头饰，格外醒目，若未戴者处戴者群中，更觉惹眼突出，实难瞒过。值中秋佳夕，贾府合宅团聚，内眷自当盛妆，难怪绣桔更为主子迎春忧急："明儿要都戴时，独咱们不戴，是何意思呢！"

九、雀金裘

裘者，御寒之毛皮袍服之统称。而晴雯病补之雀金裘之具体款式，据乾隆壬子本《红楼梦》五十二回："贾母便命鸳鸯来，'把昨儿那一件孔雀毛的氅衣给他吧'。鸳鸯答应走去，果取了一件来。宝玉看时，金翠辉煌，碧彩烂灼，又不似宝琴所披之凫靥裘。"因知乃一披身大氅，类披风或斗篷，无袖无带，不开衩，穿时或于氅内双手交叉抓住两襟，或任其开敞，又称一口钟或一裹圆。此裘之质料，据贾母云："这叫作雀金泥。这是俄罗斯国拿孔雀毛拈了线织的。"

图 17　清代雀金裘　　　　　　　　　　　图 18　雀金裘局部

下引裘氅一袭，原为英国旧家所藏，2008年经香港佳士得拍出。以多层孔雀翎纹绣片叠织，每一翎眼以天蓝、鹅黄、褐黄、牙白、宝蓝丝线团绣九层而成，其上再用真孔雀羽毛捻线，以平针仿绣孔雀羽毛纹理，领口镶万福纹系扣，内衬明黄锦缎里子，寓示其宫廷来历。（图17、图18）

此裘与《红楼梦》描述之贾府雀金裘，颇为相似，织绣绚彩，工致繁丽，直可同冠以雀金裘之名。嗜癖红楼之好事君子，睹物而思芙蓉女红之芳香泽腻，不啻一桩寄托幽情之雅事。

靠背椅

王世襄先生论明式家具之美，效唐司空图《二十四诗品》体，共得十有六品。第十三品曰空灵，实例引自德人艾克《中国花梨家具图考》所著录之明黄花梨靠背椅。椅之样式，兼灯挂与统碑而有之。奇处在其靠背板之装饰，上部开满圆开光，中部嵌长方形瘿板，下开长圆开光似海棠式，及椅盘下与四腿间不用券口牙条或罗锅枨矮老，而代之以细棍三弯状角牙，空透灵逸，有翩然欲飞之致。椅虽秀美，迭经著录，名闻遐迩。敢斗胆仿造，无异自揭其伪，且艺韵简约，不合当前靡侈风尚。多亏于此，从来未见仿品。

洛杉矶某秋拍，赫然见靠背椅成对，与之如出一手（图1）。靠背板沿边起线，顺势延入直搭脑少许，似音乐之渐弱至寂，照顾周到，较艾克之例犹胜。传世古物罕有绝似者。然历来论古，言有易，说无难。或竟是遗世另出？

预展日，得亲验其身。新红木制，色浊类猪肝。曾施紫褐漆，再打磨殆尽，做斑驳残旧状。瘿板污以油腻，借掩其新涩。四腿足端糟朽，似经长年地潮侵蚀，然水渍污痕与上段好木界线清楚，抠足端木渣以指捻之，渣硬不成酥粉，是刀斧轻砍缺豁，浸泡于罐装污水中而成者。盖常人印象，古物老，老必旧，旧则必裂必脏。无怪乎造假之徒顺水推舟，污垢腻缝，脏水浸泡，风扇扬尘，置之阴湿处令生蛛网蛾膜，无所不为，冀依此思路欺人渔利也。余大失所望，乘兴而往，败兴而归。

艾椅之靠背板开光与嵌瘿装饰，向觉其既古典且前卫，寓诡异幽玄于简明之

图1　仿旧靠背椅

中。鄙意此图乃取道家天、地、人三才之象。《周易·说卦》："是以立天之道，曰阴与阳；立地之道，曰柔与刚；立人之道，曰仁与义。兼三才而两之，故易六画始成卦。"天含阴阳，圆而虚；地秉柔刚，方而实；人怀仁义，兼具天地方圆虚实之性。因未曾经人论到，行文至此，故信笔及之。

公道杯辨

伯克莱小慧轩雷彼得夫妇，专藏中国古代益智器玩。与余居相邻、志同道，每有收获，辄相邀坐对赏析。所藏白玉公道杯一具，最得吾心，许为同俦之冠。以其年代、用途尚待廓清，请试为之辨，添一户之词。

杯和阗白玉制，纯洁无瑕疵。捧寿桃、拄龙杖，杖系葫芦，立杯中央者，南极老人也。袍裾下摆藏一暗道，接腹腔中空处，再由杯底插玉管一根入内，外封以钱眼漏孔。盛酒以南极老人唇髭为限，稍逾，即依吸虹原理，由腹腔入玉管，自杯底漏孔一泻如注。（图1）底镌"中和堂制"款。

存世公道杯最古者，有宋代龙泉、影青、定白、钧变诸品，至迟宋已造用，可以推知。明代浮梁御窑厂为贡奉明太祖而道创之说，不过子虚乌传耳。

杯名公道，寓诫于物。曾见晚明青花公道杯，上有损斋主人铭："虚其卮，实以酒。半则弗漏，满则弗受。岂惟弗受，并丧厥有。庶几哉，宥坐之戒，可以长守。"故又称戒盈杯云云。

惟杯之实际用途，有谓惩罚贪杯者。然若

图1 康熙"中和堂制"款白玉公道杯

酒限一杯，自懊悔不及，否则头杯过满而洒地，二杯尽可酌量少斟，多饮几杯，仍是一样快活。不过糟践头杯、学些乖觉小心罢了，胡能以惩罚阻其贪杯恶习！又谓以公道杯量酒，旨在防人多喝多占。此说与吾国国民心理不合。考中华酒风民俗，素以巨觥大白、豪海轰饮为夸耀。雄者称仙称龙，示弱者招讥。或庶民斗酒之令，投壶掷骰，拇战搳拳，或文会燕集觞政，分曹射覆，对句联诗，输者罚以饮，赢者娱作乐，宗旨恰在要人多喝。君不见今之餐饮高聚、酣红耳热之际，仍是掌扣己杯呼已满、指责对家耍狡猾也。纵百般劝进尚难得逞，焉须防哉！

  古时席面仪式，酒壶之外，设门杯与公杯。门杯各自用，敬酒罚酒则操公杯。余以为，公道杯乃公杯之一种，为公杯之极致。或敬或罚时，门杯置于下，执公道杯临其上，斟酒入内，量满，即下注入门杯。敬勿多，罚勿少，在座一律，公平公道。

  古匠巧思，每出乎意料，却合乎情理之中。皆因古人单纯，行动不离人本情常，哪来现代人那许多花花肠子，而其高明胜筹，也端源于此。解古剖谜诀窍，无他，顺循常识常理而已。

鹿　中

波士顿古董商魏斯布大宅客厅中，陈设青铜鹿一头，长约三十厘米，卧姿，蜷蹄，竖耳，昂角，勃勃英警；彩漆髹绘梅鹿斑点，已苍驳残损；体腹中空，背臀处开方形口纳。〔图1〕

此青铜鹿断不能晚于战国也。其用途，魏氏云，"极有可能"为鼓架底座。理之所据，因中国湖北省博物馆藏有战国曾侯乙墓出土之木胎漆鹿，纹画绝似，亦开方形口纳，该馆图录说明即称"可能用来插挂物品，例如鼓类"。

余不以之为然。此物之名，当曰鹿中（中读入声），乃古射礼器用也。

射，古六艺之一。《礼记·射义篇》："古天子以射选诸侯、卿、大夫、士。射者，男子之事也，因而饰之以礼乐也。又射之为言绎也，绎者各绎己之志也，故心平体正，持弓矢审固，则中矣。"

既以射选，则必竞胜负。胜负以获筭多寡为记。筭，算筹也，古语中与"算"互为通假。《礼记·投壶》曰："算，长尺二寸。"字从竹，当多竹制。《仪礼·乡射礼》载射礼鹿中之用甚明："释获者执鹿中一人，执筭以从之。鹿中髹，前足跪，凿背，容八筭。"与魏氏所藏实物丝扣吻合。

魏氏虽于物用不明底里，价钱则毫不含糊，索要之数，足够中国和谐社会一小康家庭几辈人之花销。望鹿兴叹，无力购回矣。

图1 战国青铜彩髹鹿中

板

明刘若愚《酌中志》卷十九《水集·内臣服佩》："板：其制如床面，高四五尺许，于偏后些安一圈椅。前后以粗绒绳拴，用杠两条，斜插抬走，离地尺许。凡司礼监掌印、秉笔年老者，方私置坐之，不系钦赏，亦不系正经品级，自乾清门外，至西华门、东华门里止。自逆贤擅政，①乃径自由门抬出，了无畏惧。又曾于宝月亭，戴巾，穿裵衣，坐板抬走，殊可恨也。自来禁地无戴巾之理，神庙时司礼监掌印田义老病，先监矩清弱，亦曾间于宫中坐板，然出于不得已，非骄矜卖贵也。迩末年少如李永贞、石天雅、涂文辅皆坐之，②可不谓滥亵之极耶？"

余尝据若愚此段记载衍成中篇小说《良木谏》，发表于一九九一年六月号《十月》。然"板"究竟何样，其时未

图1　故宫藏明黄花梨夔龙纹肩舆——板

① 即明天启朝司礼监太监魏忠贤。
② 均为太监，魏忠贤心腹。

图 2　清代肩舆——板

之见。曾当面请教王世襄先生，先生以为"肩舆"一类，并出示明代版画中图形，乃一圈椅，侧系两长杠，惟椅足下并无如床面状物。

　　近检故宫明代家具藏品集录，见图如右，为"板"之全貌：圈椅靠背板下有亮脚，三面嵌炮仗洞开光绦环板，四足所踏长方形高束腰台座即所谓"制如床面"。可见"板"为肩舆之宫中俗称。记之以为研究明代家具者参考。（图1，图2）

康熙官窑青花大盘

初春某日，接一美国老妇人电话，称名吉娜，居湾区奥克兰市，年逾八旬，目昏手颤，驾照业经交管部门取消，家有中国瓷器欲售，问可否登门检视所藏。余诺然，傍晚驱车至其公寓。

吉娜白肤蓝眼，举止文雅，衰美依稀。客厅摆设晚清红木家具及瓷石织绣小件。其父雅好东方艺术，藏品购于二十世纪初，四十年代逝世后遗赠女儿。去年曾特聘某博物馆亚洲艺术部女博士一一鉴定，拍照片并附以说明之后装订成册。

遍阅是册，多为清代出口瓷器，杯盘壶盆之属。惟青花大盘一只，直径近四十厘米，绘东坡赏古图，翠蓝浓畅，写画极精，底属"大清康熙年制"款，笔力沉凝，结体劲瘦，撇捺重戳，踢挑出尖，一望而知是康熙官窑精品。女博士说明：虽属康熙官款，却是后来仿造，估值一千二百美元。询问此盘现在何处。答曰：素不甚喜此盘，盘不佳，容浅不宜盛汤，尺寸过大而略板翘，置诸案上有欠平稳。问能否取出一观，答曰："卖了。"问何日卖出，答曰：四天前，与老友往旧金山一年一度之太平洋亚洲艺术博览会，遇一美籍华人展售商，其妻英国人，经营鼻烟壶，温文明慧。彼此相谈甚欢洽，力邀该夫妇晚间至寓所，尽示所藏，二人选购此盘而去。余懊丧默坐。少顷，问所付何值。答曰：恰是所标千二百数。人贵知足，心满意足矣，不能再生怨语。

吁，苟缘悭如此，夫复何言，夫复何言。

西方博物馆之中国文物专家，大有满腹经纶者在。历代文物术语名头，张口即来，熟稔至极。惜吾国文化终非彼母脉血源，充其量是后母继子而已。谈史论世已难免外国人言中国事之憾，何况意妙涵邃之古物鉴定，更觉鸦言雀语之隔。窃谓真懂耶假懂耶，不看学历，无关著述，惟在敢掏钱自买否。若供职博物馆，逢鉴别入购事，款则公家款，藏则公家藏，"舍不得孩子套不着狼"，然孩儿却是别人家的。买对，固然得意。买错，到底亏在公家，不误照领月薪。己身无涉忧患，遂乏锐意精进之心。责之以不思克厥，似失公允，惟其眼力造诣，比之捧私囊血汗，买前如履冰临渊，一旦打眼，和血吞泪，刻骨铭心，习学长进于"血的教训"者，不逮远逊。吉娜所聘之博物馆女博士，想来乃此等"银样镴枪头"一柄，十数万美金之物，贬至千二百元。真真惑人以"似懂"，误人以"非懂"也。

　　归后经旬，每思之，辄郁郁不舒。

　　后于洛杉矶面晤一对古董商，夫讲沪腔国语，妇操英音。读其名片，竟是购吉娜大盘者。余婉称友人言，贵店曾购得康熙青花大盘一件，官窑，极精绝，不知有心出让否？夫答曰：确有此事。盘仍在店中。某日不慎失手，落地碎成数块。经黏合，摆在柜头聊做参考资料矣。少顷又道："你没看见断碴口，胎骨白，比汉白玉还白。"言罢，愀然不乐，残痛犹在眉端。余亦诧愕不能语。

　　从此世间又殒一美。悲夫悲哉！缄然默然，徒付浩叹。

和合神

前述造访吉娜寓所之夕，告辞将出，彼忽挽留少坐，并取出一珠宝匣示余。镯戒珠链间，有玉坠一件，碾琢生动，为元至明初时物：偏髻童子笑口大开，拥鼓踞坐，一手执鼓棒，另手执一Y形物，两叉间有一螺旋滚轮，鼓边有云螭攀绕。试问价，答曰：旁物可售，此物乃幼时父母所赠生日礼物，睹物思亲，不在欲售之列。适与康熙大盘错失交臂，正烦沮不快间，亦无心多问。(图1)

转年，其子罗伯特忽自俄勒冈州阿什兰市来电：吉娜月前因脑溢血过世，丧事已毕，有若干家具遗物待售。余即点购该玉坠，且任其出价。彼称仲夏间将来旧金山湾区，届时顺便带来。

玉大小如核桃，古时随身携挂，即今日亦非稀贵物也。余属意之，非图牟利，乃另有缘由。

相同题材之小玉件，时见于国内外拍卖场上。玉坠居多，摆件少，概以击鼓童子称之。是称固不错，惜失之泛泛。此

图1 清玉雕万回

童子虽小，来历颇大，实吾国现知最早之和合神也。其俗姓张，名万回，唐陕西阌县人，出家为僧。传玄奘往西天取经，于佛殿上见题语"菩萨万回谪阌地教化"，归唐后曾往寻谒见。回多异迹，武后时诏入大内，语事多验。据《太平广记》卷九十二《异僧传》："回生而愚，八九岁乃能语，父母当豚犬畜之。回兄戍役于安西，音问隔绝，父母谓其死矣，日夕涕泣而忧思焉。回顾父母感念之甚，忽跪而言曰：涕泣岂非忧兄耶？父母疑而信，曰然。回曰：详思我兄所要者，衣裘糇粮中履之属，请悉备焉，某将往之。忽一日，朝赍所备而往，夕返其家，告父母曰：兄平善矣。视之，乃兄迹也。一家异之。弘农抵安西，盖万里余，以其万里回，故号曰万回也。"又据明人田汝成《西湖游览志余》载："宋时杭州以腊月祀万回哥哥，其像蓬头笑面，身著绿衣，左手擎鼓，右手执棒，云是和合之神，祀之可使人万里之外亦能回家，故曰万回。明时其祀已绝。"知万回至少宋时已被奉为和合之神。考祀绝之时，汝成乃正德嘉靖间人，当不晚于其时。

鄙意谓民间化其身为击鼓童子，盖取击鼓欢庆寓团聚之喜，以鼓槌多次上下往返暗寓其名万回。云螭状其穿云腾空，螺旋滚轮乃其踏飞万里之轮。纽约克里斯蒂秋拍图录释螭为猫，以飞轮为按摩滚轮，殊荒唐。我国古代民间风俗，若不详加记录，时过境迁，常有令后世百思不得其解者，此即一例。

此后之和合神，新枝乱发。释门寒山配道家刘海儿者有之，释门寒山配释门拾得者亦有之。寒刘配，寒持莲荷，刘仍钱珠戏蟾；明末清初时，亦常见莲荷一瓣作舟，寒刘乘其上，一挥蕉扇，一划筶箒，和（荷）衷共济，苦海同航。寒拾配，则总以荷盒为执仗法器（元明绘画或明瓷图案之寒拾图，寒不执荷，拾不捧盒，故只可视为二僧造像也）。统称和合二仙，佑家人和睦合聚。至清雍正十一年，敕封唐天台僧人寒山、拾得为"和圣"与"合圣"，始定于一尊。

然民间未必聆旨即改弦更张，盖新风旧俗之更迭，向循缓徐逐渐之过程。如万回哥哥，明时绝祀，民间至清初仍雕像做佩戴吉物。仅就余曾经眼之真品者言，和合万回，最早者元代，至晚者清乾隆；和合二仙，寒刘者，或明末至清康雍间竹雕，或康熙寿山石雕；寒拾者，俱是乾嘉以后物。倘寡闻陋见差堪征采，大抵万回哥哥为宋元所奉；寒刘与寒拾在明中清初与万回并行过渡；乾嘉后则寒拾独领风骚。晚清民国之婚庆喜幛，有绣寒拾其上者，是以两男子兼司夫妇琴瑟祝谐之职，腔愈荒而板愈走，已尽失本意矣。

至于商购吉娜之玉坠，欲为民间和合神祇嬗变之迹存一实例耳。

后罗伯特果如期而至。及晤面，袖出霉画两轴、料珠数串及伤透余心之女博士鉴定册。询及玉坠，彼连连致歉，谓行前集家人团坐，启吉娜祖母珠宝匣，宣布每人可择心爱者留念，若二人同欲一物，则抛币决定，剩者将尽售之。玉坠居然为幼女薇薇安选中，只得尊重其意。待伊长大成人，或转念欲售或可劝其出售。若售，"保证卖给你"。

问年龄，方六岁，遂不作是想。

后 记

　　勿讳言，余好古。夫既生而为人，经事历世，善恶祸福、富贵贫贱、欲情悲欢，或驱之避之，无论今古，孰能大异，孰能豁免，自无由言好。而余肉躯今世，心向古往，竟言之好，或以为问。

　　扪索究竟，所好者，必在古有道而今不再之处。简赅以言之，曰自然。人耶自然，境耶自然，情耶自然，理耶自然，吃穿用度自然，生老病死自然……古匠师制艺，雅亦雅得自然，俗亦俗得自然，俚亦俚得自然，直得任自然趣。大可爱，因是好之。于清昼良宵，憩坐斋中，晤对古物，如傍古人倾谈，娓娓移时，心心相印，如秋潭之映月。古心入流我心，其美也皎皎，其诚也穆穆，其和也蔼蔼，其静也泹泹。欣欣然心汲滋养，得返本归真、复性为自然之人。若相违数日，苟萌"时月不见黄叔度，则鄙吝之心复生"之叹。

　　复忆及儿时，课上念保护公社辣椒之小英雄刘文学，课下则阅古装小人书，与同伴扮三国、说岳人物，持刀枪奔逐厮杀为庭戏，乐此不疲。年愈长，愈佞古入膏肓，竟至流窜欧美，跨国觅古。前后关联，悟复失笑。人之好古趋今——人生他事亦然——乃先天秉性，后天不过稍与力焉。譬如树植，可疏密其枝叶，曲直其干躯，然或松或柳或槐或杨，种性前定，绝不可易。惟后天施力，目可见，手可触，身可行，人遂尽归先天之功于后天栽培之力耳。戏偈释之曰：天命初行，芽兆未萌，花荣果生，渐省榛荆。

视余作《海外拾珍记》，不过钝根瘠梢之弱花枚果也。

世间幸多惜花护果人。小书浅陋，而宠赉纷沓，受之歉怍。畅安王世襄先生亲赐书名并端题书签，提掖晚进、勉勖后学之意，恒念念感奋。抒情诗人王性初、硅谷菁英聂小春、小慧轩张卫女史，三位摄影方家也，闻所请，欣然愿从召唤，耗精费时，辛苦备尝，时跪地聚焦，时登高俯拍，为余之藏品传神写照。静宇女校书，兰言力荐，而文案责编，宣力实多。家姊常涛，同好木辰，传介联络，屡献嘉议。承蒙苏富比、克利斯蒂、伯翰·伯德富、纳高、查特画廊等拍家与豪思恩、小慧轩主等藏家惠允采图。俐敏、荒田、晓玮、苏炜、陈茶诸文友，善余之志而乐见书成，或施之以援手，或励之以口笔，乃至慷慨解囊襄助。

芳名上列，荷怀铭心。

常罡又识

新编《海外拾珍记》修订甫成，惠我者名录中，当补入生活·读书·新知三联书店资深编辑张荷女史、摄影家游辉立与古玉藏家白远樯三位。谨致谢忱。

乙未年初秋常罡再识于碧澄园之自怡悦轩

Copyright © 2018 by SDX Joint Publishing Company.
All Rights Reserved.

本作品版权由生活・读书・新知三联书店所有。
未经许可，不得翻印。

图书在版编目（CIP）数据

海外拾珍记／常罡著；聂小春，游辉立，白远榃，王性初摄影. —增订本. —北京：生活・读书・新知三联书店，2018.5
ISBN 978 – 7 – 108 – 05763 – 1

Ⅰ.①海… Ⅱ.①常… ②聂… ③游… ④白… ⑤王… Ⅲ.①文物 – 考古 – 中国 – 文集 Ⅳ.① K87-53

中国版本图书馆 CIP 数据核字（2016）第 184017 号

责任编辑	张　荷
装帧设计	薛　宇
责任印制	卢　岳
出版发行	生活・讀書・新知 三联书店
	（北京市东城区美术馆东街22号 100010）
网　　址	www.sdxjpc.com
经　　销	新华书店
制　　作	北京金舵手世纪图文设计有限公司
印　　刷	北京图文天地制版印刷有限公司
版　　次	2018 年 5 月北京第 1 版
	2018 年 5 月北京第 1 次印刷
开　　本	720 毫米 × 880 毫米 1/16 印张 18
字　　数	249 千字　图 268 幅
印　　数	0,001 – 5,000 册
定　　价	69.00 元

（印装查询：01064002715；邮购查询：01084010542）